법화영험전
法華靈驗傳

동국대학교 불교기록문화유산아카이브사업단(ABC)
본서는 문화체육관광부 지원으로 동국대학교 불교학술원에서 간행하였습니다.

한글본 한국불교전서 고려 9
법화영험전

2017년 2월 17일 초판 1쇄 인쇄
2017년 2월 27일 초판 1쇄 발행

지은이 요원
옮긴이 오지연
펴낸이 한태식
펴낸곳 동국대학교출판부

주소 100-715 서울시 중구 필동로 1길 30
전화 02-2260-3483~4
팩스 02-2268-7851
Homepage http://www.dgpress.co.kr
E-mail book@dongguk.edu
출판등록 제2-163(1973. 6. 28)
편집디자인 꽃살무늬
인쇄처 보명C&I

© 2017, 동국대학교(불교학술원)

ISBN 978-89-7801-510-3 93220

값 17,000원

이 책의 무단 전재나 복제 행위는 저작권법 제98조에 따라 처벌받게 됩니다.

한글본 한국불교전서 고려 9

법화영험전
法華靈驗傳

요원了圓
오지연 옮김

동국대학교출판부

법화영험전 해제

오 지 연
천태불교문화연구원 상임연구원

1. 개요

　영험전靈驗傳이란 불교 대중들이 경전을 신행하는 과정에서 일어난 신이한 경험들을 기록하여 전하는 것이다. 『법화경』은 대승불교 경전들 가운데 가장 많이 독송되고 연구되고 신앙되어 온 경전으로 유명하다. 경에 대한 관심이 높았던 만큼, 『법화경』에 관련된 영험전도 중국과 우리나라에서 일찍부터 찬술되고 유통되었다.
　우리나라에서 찬술된 법화 관련 영험전은 세 가지가 있다. 신라 의적義寂(630~700년대 인으로 추정)의 『법화경험기法華經驗記』 3권, 고려 진정眞靜 국사 천책天頙의 『해동전홍록海東傳弘錄』 4권, 그리고 고려 말 요원了圓의 『법화영험전法華靈驗傳』 2권이다. 이 가운데 온전히 전해진 것은 요원의 『법화영험전』이 유일하다. 의적의 『법화경험기』는 일실逸失되어 그 내용을 알 수 없었으나, 일본에서 『법화경집험기法華經集驗記』라는 제목으로 필사되어 2권본으로 전해져 온 것으로 밝혀졌다. 필사본에는 대략 31편의 영험담이 수록되어 있으며, 그중 『법화영험전』과 일치하는 내용은 열한 가지 정도이다. 그리고 『해동전홍록』은 4권의 적지 않은 분량 가운데 단지 11편 정도가 『법화영험전』에 수록되어 전해지고 있을 뿐이다.

『법화영험전』에는 총 118가지 영험담이 수록되어 있다. 시대로 보면, 중국의 동진東晉 때부터 당송唐宋까지, 그리고 우리나라의 삼국시대로부터 고려까지의 영험담들이다. 각 이야기에 중심인물과 시대, 장소 등을 밝히고 있어서, 이러한 내용들을 다만 설화라고 하기에는 너무나 생생하게 느껴지는 것이 본 서의 진미라고 할 것이다. 또한 본 서에는 이전의 법화영험전류와는 다른 특징들을 볼 수 있다. 첫째, 기존에는 영험담을 주로 신행의 유형이나 인물에 따라 분류하였다면, 본 서에서는 경전의 품 순서에 따라 묶어서 배열하였다. 그것은 마치 『법화경』의 부록과 같이, 경전의 각 품을 읽으면서 그에 해당하는 영험담을 볼 수 있도록 편집하였다는 것이다. 둘째, 인용 전거를 철저히 밝히고 있다는 점이다. 각 영험담마다 한 곳에서 세 곳에 이르기까지 전거를 밝혀 총 19종의 출전이 밝혀져 있다. 따라서 『해동전홍록』과 같이 일실된 문헌에 대해서는 그 내용을 조금이나마 추정해 볼 수 있게 하므로 영험전으로서뿐 아니라 사료史料로서도 의의가 크다고 하겠다. 셋째, 고려의 백련결사와 더불어 특히 요원 당시 곳곳에서 행해진 법화회法華會의 모습을 담은 영험담들은 고려 말 법화신앙의 현황을 보여 주는 중요한 자료가 되기도 한다.

2. 저자 소개

『법화영험전』의 저자인 요원了圓의 생애에 대해서 알 수 있는 자료는 극히 단편적이다. 기존에는, 『고려사』 권36에서 "고려 말 충혜왕 원년(1331), 내원乃圓이 왕사王師가 되었다.(以乃圓爲王師)"라는 기사와 관련하여, 기사에서 '내원'이라 한 것을 '요원'의 오기誤記라고 보는 견해가 통설이었다.

그러나 한편에서는 '내원'은 수선사修禪社의 16국사 중 제12대 혜각 국사慧覺國師이며, 그보다 후에 천태종승 '요원'이 있다는 견해도 있다.

이것을 뒷받침할 만한 자료로『동문선』에 '요원'이라는 이름이 보이는 시 2편이 있다. 한 수는 권9에 수록된 것으로, 안진(安震, ?~1360)이 〈천태 요원 장로에게 보내는 시(贈送天台了圓長老)〉이다. 여기에서는 천태종의 승려 요원에게 '왕사'가 아니라 '장로'라는 호칭을 붙인 것에 주목할 수가 있다. 장로라고 하면 이미 원로의 고승을 뜻하므로 만일 왕사를 지낸 적이 있다면 그저 장로라고 칭하지 않았을 것이다. 또 한 수는 권22에 수록된 석요원釋了圓의 〈환암幻菴〉이라는 시이다. 환암은 환암 혼수幻菴混修(1320~1392) 조사이며, 환암의 비문에는 홍무洪武 3년(1370)에 나옹 혜근懶翁慧勤(1320~1376)이 선교禪敎 납자를 망라하여 시험을 보았는데 혼수 조사만이 인정을 받았다고 하였다. 이 시는 그 해에 쓴 것으로 보인다. 더불어 1378년에 쓴 이색李穡(1328~1396)의「환암기幻菴記」에서 "천태의 원공圓公과 조계의 수공修公과 더불어 18인이 결사를 맺었다.…… 이제 30년이 지났다."(『동문선』권74)라는 부분이 있다. 즉 이색은 30년 전에 천태종승인 요원과 조계종승인 혼수와 더불어 결사를 하였다는 것이다. 이러한 내용으로 보아 요원은 환암 혼수와 같은 연배이었을 것이라고 추정하기도 한다.

그리고『법화영험전』2권은 현전하는 그의 유일한 저술인데, 여기에 수록된 내용을 통하여 그의 천태 계통을 유추해 볼 수 있다. 남악 혜사南嶽慧思(515~577)를 사사하였던 백제의 현광玄光과 천태 지의天台智顗(538~597)에게 수학하였던 신라의 연광緣光 그리고 장안 관정章安灌頂(561~632)의 영험담이 수록되어 있다. 이에 의거하여 혜사→지의→관정으로 계승되는 천태의 법통을 계승하고 있음을 알 수 있다. 그러나 우리나라의 법화 천태 관련 승려로는 현광과 연광 외에 대각 국사 의천義天(1055~1101)에 관한 언급은 전혀 없으며, 대신에 원묘 요세圓妙了世(1163~1245)의 백련결사白蓮結社에 관련된 내용이 다수를 차지하고 있다. 이러한 점들로 보아 저자 요원은 백련사계의 천태종 승려였으며, 본 서의 저술도 백련결사의 정신을 계승한 법화신행의 저변 확대와 밀접한 관련이 있었을 것으로 보인다.

3. 『법화영험전』의 성립과 구성

『법화영험전』은 상하 2권으로, 총 118화話의 이야기가 수록되어 있다. 그중 제목이 표시된 것은 114가지이고, 하나의 제목 아래에 '또(又)'라고 하며 다른 지역 혹은 다른 사람의 이야기를 실은 것이 네 가지이다. 서문에서는 107가지 영험담을 실었다고 하였으나, 실제와는 차이가 있다.

요원은 서문에서 당唐 혜상의 『홍찬법화전』, 송宋 종효의 『법화경현응록』과 고려 천책의 『해동전홍록』 가운데서 기이한 이야기들을 뽑아 수록하였다고 하였다. 인용 횟수를 보면, 『홍찬법화전』이 78회, 『법화경현응록』이 28회, 『해동전홍록』이 11회 정도로, 이 세 가지가 『법화영험전』의 주요 출처가 된다. 그 밖에도 『영서집靈瑞集』·『사부관음전謝敷觀音傳』·『법원주림전法苑珠林傳』·『삼보감통록三寶感通錄』·『양고승전梁高僧傳』·『속고승전續高僧傳』·『송고승전宋高僧傳』·『대평전기大平傳記』·『법화사비法華寺碑』·『천태별행소天台別行疏』 등과 우리나라의 『해동고승전海東高僧傳』·『권적본전權適本傳』·『민장사기敏藏寺記』·『계림고기雞林古記』에서 한 가지 이상의 영험담들을 발췌하여 수록함으로써 출전이 총 19종에 이르고 있다. 이처럼 출전이 다양한 것은 아마도 요원이 당시까지 중국과 우리나라에 알려진 법화 관련 영험을 최대한 수집하여 널리 전하고자 하는 의도가 있었기 때문이었을 것이다.

『법화영험전』은 그 구성이 이전의 영험전들과는 전혀 다르다. 의적의 『법화경집험기』는 풍송諷誦·전독轉讀·서사書寫·청문聽聞의 네 단락으로 되어 있고, 『홍찬법화전』은 도상圖像·번역飜譯·강해講解·수관修觀·유신遺

身·송지誦持·전독轉讀·서사書寫의 8단락으로 구분되어 있다. 이것으로 보면, '풍송·전독·서사·강해·청문' 등과 같은 신행 유형을 기준으로 구성되어 있음을 알 수 있다.

이와 달리 요원은 상하 2권의 내용을 총 17단으로 구분하였다.

〈표 1〉『법화영험전』의 구성

구분		내용 구분	『법화경』의 품	영험담 편수
상권		(라집, 법운 등의 영험)		4
	제1단		서품	4
	제2단	법설주	방편품	4
	제3단	(비설주가 생략된 듯)	비유품, 신해품, 약초유품, 수기품	6
	제4단	인연주	화성유품	4
	제5단		오백제자수기품, 수학무학인기품	6
	제6단		법사품, 견보탑품	6
	제7단		제바달다품, 권지품	6
	제8단		안락행품	8
	제9단		종지용출품, 여래수량품, 분별공덕품	7
하권	제10단		수희공덕품, 법사공덕품	6
	제11단		상불경보살품, 여래신력품, 촉루품	6
	제12단		약왕보살본사품	10
	제13단		묘음보살품	6
	제14단		보문품	15
	제15단		다라니품, 묘장엄왕품, 보현권발품	4
	제16단	(『해동전홍록』 인용, 우리나라 영험담 많음)		12
	제17단			4
합계				118

경전 전체 28품을 순서대로 15단락으로 나누어 제1단부터 제15단으로 명명하고, 제16단에는 주로 『해동전홍록』에 실린 우리나라의 영험담을, 제17단에는 경을 대하는 정결한 자세에 관한 이야기를 수록하였다. 특히 제2난의 「방편품」을 '법설주'라 하고, 제3난은 「비유품」부터 「수기품」까지

를 묶고, 제4단 「화성유품」에는 '인연주'라는 제목을 붙였다. 이것은 요원이 천태 지의의 법화 해석 방법 가운데 삼주설법三周說法의 기준을 염두에 두었음을 나타내는 것이다. 이러한 편집 방식은 이전의 영험전에는 없었던 것이다. 다만 천책의 『해동전홍록』이 이러한 방식으로 편집되었을 가능성이 있지만, 현재 전해지지 않으므로 단언할 수가 없다. 대신에 백련사의 제2세 정명靜明 국사 천인天因(1205~1248)의 「법화수품찬法華隨品讚」이 각 품별로 찬탄하는 게송을 붙인 것이므로 그러한 경향이 전해진 것일지도 모른다.

4. 『법화영험전』의 내용적 특성

요원은 이 『법화영험전』을 대중교화서로 편찬하였을 것으로 보인다. 중국의 『홍찬법화전』이나 『법화전기』의 경우는 10권의 방대한 분량인 것에 반하여, 본 서는 상하 2권의 간략한 내용이다. 더구나 각각의 영험담을 살펴보면, 출전인 원전原典의 이야기를 줄여서 그 대의大意만을 전하는 경우도 많다. 이런 점으로 보아, 본 서는 예부터 전해 오는 모든 법화영험에 관한 방대한 자료들을 집대성하여 후대에 길이 보전하기 위하여 편찬된 것 같지는 않다. 대신에 『법화경』에 대한 높은 관심에 부응하여 혹은 경에 대한 신심을 더욱 고취시키기 위하여 보다 많은 대중들에게 읽히기 위한 목적에서 편집된 것으로 보인다. 아울러 경전의 구성에 맞추어 영험담을 편집함으로써 각 품에 관련된 영험담들을 통하여 단순히 신심을 고취시킬 뿐 아니라, 경전의 내용을 더욱 바르고 깊이 있게 이해할 수 있도록 돕고자 한 것으로 보인다. 그러한 점에서 본 영험전은 단순한 신앙서를 넘어서 일종의 경전 해설서의 역할을 병행한다고 할 수 있다.

먼저 영험담에 등장하는 인물들의 분포를 살펴보면, 출가자 이야기가

67편이고, 재가자 이야기가 51편이다. 이것은 사부 대중을 기준으로 구성된 『법화경현응록』과는 상당한 차이가 있다. 『현응록』에서는 출가자 이야기가 186편, 재가자 이야기가 46편으로 출가자에 관한 이야기가 거의 80%를 차지한다. 그에 비해 본 서에는 출가자와 재가자가 거의 동등한 비중으로 수록되어 있다. 신분 또한 고위관리로부터 노비에 이르기까지 다양하다. 이처럼 사부 대중의 이야기를 고루 다루었으며, 특히 재가자들의 영험이 반 정도를 차지한다는 것은 당시 재가의 불자들에게서 법화신앙이 활발히 행해졌음을 반영하는 것으로 볼 수 있을 것이다.

〈표 2〉『법화영험전』의 인물 분포

		비구	비구니	우바새	우바이
『법화영험전』	빈도	63편	4편	41편	10편
	비율	57%		43%	

다음 본 서에 나타나는 신행 유형을 살펴보면, 가장 많이 행해진 것이 '독송'으로 총 92편가량이다. 이것은 경 전체 혹은 한 품, 한 게송만을 읽거나 외우는 것으로부터 관세음보살의 명호를 부르는 경우까지 모두 포함한 것이다. 서사書寫는 16편, 강해講解는 13편 정도이다. 그 밖에 법화예참, 법화삼매 혹은 예참을 행한 경우도 6편가량 보인다. 법화참법의 경우 앞의 모든 신행을 포함하는 것이지만, 특히 천태행법의 유행이라는 측면에서 별도로 구분해 보았다. 이러한 분포는 이전의 영험전들의 경우와 상통한다. 의적의 『집험기』의 경우도, 풍송諷誦이나 전독轉讀과 같은 독송의 경우가 총 31편 가운데 19편이며, 서사는 8편, 청문聽聞은 4편이다. 이처럼 독송 외에 다른 신행의 경우가 현격히 적은 이유는 무엇이었을까. 아무리 경전의 서사 공덕이 크다고 하더라도 당시로서는 많은 비용이 필요하였으며, 강해의 경우 또한 높은 지덕智德을 갖춰야 가능하였을 것이다. 따라서 가장 많은 사람들이 손쉽게 널리 행할 수 있었던 것은 무엇보다도

경전을 읽고 외우며, 불보살의 명호를 부르는 것이었기 때문일 것이다.

〈표 3〉 영험전의 신행 유형 분포

	독송(풍송·전독·칭명)		서사	청문/강해	법화참법
『법화경집험기』	16편	3편	8편	4편	(3편)
『법화영험전』	92편		16편	13편	6편

신행의 과정이나 결과로서 얻어지는 영험의 양상을 살펴보면 그 종류가 실로 다양하다. 갖가지 병이 낫거나(治病) 위기를 모면하거나(避危), 죽은 이의 죄가 감해져서(滅罪) 좋은 곳에 태어나거나 혹은 다시 살아난 경우를 비롯하여 서방정토로 왕생하는 것에 이르기까지 다양하다. 이러한 영험의 내용은 다른 경전신앙과 크게 다르지 않다. '혀'와 관련된 영험은 특히 흥미롭다. '독송'의 신행이 가장 많이 행해졌던 만큼, 그 결과 죽어서 다비한 후에도 '혀'는 타지 않고 생전과 같았다거나, 그 혀로부터 송경誦經 소리가 계속 들렸다거나, 그 혀뿌리에서 연꽃이 피어나서 시들 줄 몰랐다거나 하는 영험이 많이 설해져 있다. 이것은 경전 독송의 공덕이 현세의 자신에게서만 그치지 않고, 후세에까지 두루 미치는 것을 나타낸다. '독송'으로 인하여 성취된 영험의 내용만 정리해 보면 다음의 표와 같다.

〈표 4〉 독송에 따른 영험 내용

	치병治病	피위避危, 연명延命, 감죄滅罪, 생천生天	혀(舌)	각종 상서祥瑞	정토왕생	합계
독송	10편	30편	10편	41편	4편	95편

전체 28품 가운데 가장 많은 영험담이 실린 것은 「관세음보살보문품」으로, 이 한 품에 대하여 15편의 영험담을 싣고 있다. 그 다음은 「약왕보살본사품」으로 10편의 영험담이 실려 있다. 「약왕보살본사품」에서는 문둥병이나 급성 질병이 나았다는 등의 각종 치병의 영험이 소개된다. 「관세음

보살보문품』에서는 15편의 영험담 가운데 11편이 재가자의 이야기이다. 그중에는 외국인 백여 명이 바다를 건너는데 폭풍을 만나 나찰 귀신의 나라에 떨어져 그들에게 잡아먹힐 뻔하였는데, 다 함께 관세음보살 명호를 칭하여 무사하였다는 이야기가 있다. 그 가운데 소승의 사문이 관세음보살의 명호를 부르지 않다가 귀신에 먹히려 하자 결국은 명호를 불러서 무사하였다고 한다. 이것을 보면, 관음신앙은 중국이나 우리나라뿐 아니라 주변의 다른 나라에서도 널리 행해졌으며, 소승을 구하는 이들도 그 위신력을 인정하였다고 여겼던 것을 알 수 있다.

끝으로 고려 시대 법화신행을 볼 수 있는 자료들에 주목할 만하다. 전체 내용 가운데 『해동전홍록』이라고 출전을 밝힌 영험담은 여덟 편인데, 제16단의 마지막 세 편의 영험담은 시대와 내용상으로 보아 출전이 『해동전홍록』임을 익히 짐작할 수 있으므로 총 11편으로 보았다. 이들 가운데 세 편이 만덕산 또는 백련결사와 관련된 내용이고, 다른 세 편은 개성의 법화사法華社에 관한 내용이다. 특히 전체 11편 가운데 제16단에 여덟 편이 실려 있다. 요원은 제15단까지로 28품 전체에 대한 영험담을 모두 수록한 다음, 제16단에서는 고려의 백련결사와 법화사에 대하여 전함으로써 『법화영험전』을 과거의 이야기가 아니라 현재진행형과 미래지향적으로 승화시키려 한 것은 아니었을까라고 생각한다. 개성에서 행해진 법화사에서는 재가자들이 육재일六齋日에 모여서 『법화경』을 강설하고 토론하며 정토왕생을 기원하였으며, 실제로 임종을 맞을 때에 자유자재하였던 이들이 적지 않았다고 한다. 또한 나이 든 이들뿐 아니라 젊은이들도 함께하였으며, 강원에서 공부하듯이 서로 강설하고 질문을 주고받는 방식으로 경전을 공부하고, 밤에는 철야로 경전을 독송하며 정토왕생을 기원한 모습들을 전하고 있다. 이것은 곧 요세의 백련결사에서 법화삼매를 닦으며 구생정토求生淨土를 서원하였던 보현도량普賢道場을 계승한 것과 다르지 않음을 알 수 있다.

5. 참고 자료

이기운, 「신라 의적義寂의 『법화경집험기法華經集驗記』」, 『불교원전연구』 제5호, 제6호, 불교문화연구원, 2003.

오형근, 「요원了圓찬 법화영험전의 사적史的 의의」, 『한국천태사상연구』, 동국대학교출판부, 1983.

이기운, 「신라 의적義寂의 『법화경집험기』 연구」, 『미천목정배박사회갑기념논총 미래불교의 향방』, 장서각, 1997.

김상현, 「의적의 『법화경집험기』에 대하여」, 『동국사학東國史學』 제34집, 동국사학회, 2000.

양은용, 「고려 요원찬 법화영험전의 연구」, 『한국불교학연구총서』 115, 불함문화사, 2004.

오지연, 「『법화영험전』의 신앙유형 고찰」, 『천태학연구』 제11집, 원각불교사상연구원, 2009.

차례

법화영험전法華靈驗傳 해제 / 5
일러두기 / 21
서문 / 23

법화영험전 상권 法華靈驗傳 卷上

1. 소요원逍遙園의 향초(苜)가 상서를 나타내다 ········ 27
2. 하늘 꽃(天花)이 내려 상서를 보이다 ········ 31
3. 묘妙 자를 쓰자마자 좋은 곳에 태어나다 ········ 33
4. 겨우 제목을 쓰자 이미 지옥에서 풀려나다 ········ 36

제1단 「서품」

1. 「서품」의 제목을 부르자 지옥이 텅텅 비다 ········ 38
2. 사경 용지를 사러 갔을 때 이미 천당에 태어나다 ········ 40
3. 왕이 머리를 풀어 진흙땅에 깔다 ········ 42
4. 천제天帝가 금을 하사하다 ········ 44

제2단 법설주 「방편품」

1. 죽은 아내가 하늘에 태어나다 ········ 46
2. 신인이 길을 가르쳐 주다 ········ 49
3. 섣달 한겨울에 연꽃이 피다 ········ 52
4. 부처님께서 하늘에 태어날 것을 수기受記하시다 ········ 54

제3단 「비유품」·「신해품」·「약초유품」·「수기품」

1. 읽은 경권은 무거우나 지은 죄 문서는 오히려 가볍다 ········ 55
2. 전염병이 낫고 수명은 길어지다 ········ 57

3. 밤이 대낮같이 밝아지다 ········ 59
4. 때맞춰 비가 내려 골고루 적시다 ········ 60
5. 향을 피우지 않아도 연기가 저절로 피어오르다 ········ 63
6. 눈을 잃고도 도리어 잘 보다 ········ 65

제4단 인연주「화성유품」

1. 날짐승도『법화경』을 듣고 인간으로 태어나다 ········ 67
2. 비구가 경을 외워 귀신의 난을 면하다 ········ 72
3. 전생에 사제지간이었음을 깨닫다 ········ 74
4. 전생 부모와 현생 부모를 모두 만나다 ········ 78

제5단 「오백제자수기품」·「수학무학인기품」

1. 들꿩이 홀연히 몸을 바꾸다 ········ 80
2. 염라대왕이 공경하며 기뻐하다 ········ 82
3. 잘 익은 우유(融酥)가 항상 그릇 속에 가득 담겨 있다 ········ 84
4. 호위병이 정원에 가득하다 ········ 87
5. 신인이 잠을 깨우고 배를 저어 주다 ········ 89
6. 천제가 경전을 맞아 액리장에 들여놓다 ········ 91

제6단 「법사품」·「견보탑품」

1. 귀신도 해치지 못하다 ········ 93
2. 혀가 뽑히지 않다 ········ 95
3. 검은 옷의 손님이 돈을 돌려보내다 ········ 97
4. 신선이 한 품을 독송해 달라고 청하다 ········ 102
5. 공중에서 손가락 퉁기는 소리가 들리다 ········ 104
6. 자리에서 향기가 나다 ········ 105

제7단 「제바달다품」·「권지품」

1. 몸을 연꽃의 태에 의탁하다 ········ 107
2. 연화좌에 이름이 내걸려 있다 ········ 109
3. 성승聖僧이 독송을 가르쳐 주다 ········ 111
4. 바다 신이 강설을 청하다 ········ 115
5. 집비둘기가 사람으로 태어나다 ········ 118
6. 귀신이 뒷간의 업보를 벗어나다 ········ 120

제8단 「안락행품」

1. 용천이 강설을 청하다 ········ 122
2. 호랑이가 흠모하다 ········ 125
3. 학이 날아오다 ········ 127
4. 들꿩이 사람의 몸을 받다 ········ 129
5. 병의 물이 저절로 가득 채워지다 ········ 131
6. 기이한 향기가 널리 퍼지다 ········ 132
7. 경전의 글자에서 빛이 나다 ········ 134
8. 짐새의 독도 효력이 없어지다 ········ 135

제9단 「종지용출품」·「여래수량품」·「분별공덕품」

1. 경문의 빠뜨린 부분을 꿈에 일러 주다 ········ 137
2. 황제가 친히 시험을 보아 통과하다 ········ 139
3. 수명을 늘려 주고 어깨에 기록해 두다 ········ 141
4. 병에 맞게 약을 주다 ········ 144
5. 관상가가 이미 정해 주었는데 어찌 더 살기를 기약하랴 ········ 145
6. 천제가 도리천으로 초청하는 것을 물리치고 서방정토로 가다 ········ 147

법화영험전 하권 法華靈驗傳 卷下

7. 호주湖州의 천하상좌 151

제10단 「수희공덕품」・「법사공덕품」
1. 무덤에서 연꽃이 피어나다 154
2. 혀가 경전을 외우다 156
3. 기와가 연꽃으로 변하여 세속 사람들을 경계하다 157
4. 함에 든 경전이 건초단으로 되어 물에 빠진 중생을 구하다 159
5. 한 번 통달하여 다시 잊지 않다 161
6. 머리카락을 세 번이나 잘랐는데 그때마다 저절로 자라나다 163

제11단 「상불경품」・「여래신력품」・「촉루품」
1. 무덤 옆에 지초芝草가 나다 167
2. 혀에서 연꽃이 피어나다 169
3. 경전에서 사리가 나오다 171
4. 광명이 보탑을 비추다 173
5. 병의 물이 겨울에는 따뜻하고 여름에는 시원해지다 174
6. 천병天兵이 하늘에 가득하다 175

제12단 「약왕보살본사품」
1. 스스로 자기 전생을 알다 176
2. 두 글자를 기억하지 못하다 178
3. 전단향의 향기가 멀리까지 퍼지다 180
4. 부처님께서 손으로 어루만지시다 181
5. 약의 정기精氣가 품에 들어가다 182
6. 못의 물로 병을 고치다 184
7. 나병이 낫다 186
8. 기력이 왕성해지다 188

9. 급성 질병이 낫다 ……… 189
10. 나병(大風)에도 도움이 되다 ……… 190

제13단 「묘음보살품」
1. 죽은 어머니가 괴로움에서 벗어나다 ……… 192
2. 신인이 와 허공에 머물러 경을 듣다 ……… 194
3. 물도 떠내려 보내지 못하다 ……… 195
4. 시체에서 냄새가 나지 않다 ……… 196
5. 범이 울부짖어 도적을 물리치다 ……… 197
6. 글자가 금 글씨로 변하다 ……… 199

제14단 「(관세음보살)보문품」
1. 불도 태우지 못하다 ……… 202
2. 물에도 떠내려가지 않다 ……… 203
3. 나찰귀의 환란을 모면하다 ……… 205
4. 폭풍이 배에 휘몰아치다 ……… 206
5. 칼로 내리쳤으나 칼이 조각조각 부러지다 ……… 209
6. 칼과 쇠사슬이 저절로 벗겨지다 ……… 211
7. 도적이 해치지 못하다 ……… 213
8. 아들을 소원하여 낳다 ……… 215
9. 몸을 나타내 법을 설하다 ……… 216
10. 소녀의 몸을 나타내다 ……… 218
11. 비구니의 몸을 나타내다 ……… 222

제15단 「다라니품」·「묘장엄품」·「보현보살권발품」
1. 귀신이 구멍으로 빠져나가다 ……… 224
2. 귀신이 머리를 조아리다 ……… 226
3. 염라대왕이 도솔천으로 보내다 ……… 228
4. 보살이 여섯 이빨의 코끼리를 타고 오시다 ……… 229

제16단

1. 어린 비구니가 『법화경』을 외우다 ········ 231
2. 시녀가 저승에서 범어 경전을 배워 오다 ········ 232
3. 뱃사람이 보호해 건네주다 ········ 233
4. 하늘 음악을 울리며 와서 맞이하다 ········ 235
5. 홍변 스님이 정성 들여 쓴 『법화경』을 깊이 공경하다 ········ 236
6. 최 목사가 미친 아이의 노래를 알아듣고 경찬법회를 베풀다 ········ 238
7. 입에서 광명이 나오다 ········ 240
8. 혀에서 연꽃 봉오리가 피어나다 ········ 242
9. 보암사의 신도들이 혹은 강설하고 혹은 질문을 주고받다 ········ 244
10. 연화원에서 읽고 설하다 ········ 246
11. 진기한 새가 상서를 나타내다 ········ 247
12. 죽은 누이가 징험을 알려 주다 ········ 248

제17단

1. 『법화경』을 독송한 혀가 오래도록 그대로 남아 있다 ········ 250
2. 경전이 불에 탔으나 변하지 않다 ········ 251
3. 경전에 한 글자도 보이지 않다 ········ 253
4. 손톱에 다섯 송이 꽃이 피다 ········ 255

발문 / 256

찾아보기 / 259

일러두기

1 '한글본 한국불교전서'는 문화체육관광부의 지원을 받아 동국대학교 불교학술원에서 수행하고 있는 '불교기록문화유산아카이브(ABC)사업'의 결과물을 출간한 것이다.
2 이 책은 『한국불교전서』(동국대학교출판부 간행) 제6책 『법화영험전法華靈驗傳』을 번역하였다.
3 번역문에 이어 원문을 수록하고 고리점(。)을 찍었다.
4 원문은 『한국불교전서』를 기본으로 하되, 그 저본이 되는 목판본을 대교하여 제시하였다. 역자의 교감 내용에서 '저본'이라 함은 『한국불교전서』의 저본(목판본)을 말한다.
5 원문의 교감 사항은 번역문의 각주와 별도로 원문 아래 부분에 제시하였다.
　　㉾은 『한국불교전서』 편찬자가 교감한 내용이다.
　　㉹은 번역자가 교감한 내용이다.
6 약물은 다음과 같다.
　　『　』: 서명
　　「　」: 편명, 산문 작품
　　〈　〉: 시 작품
　　T: 대정신수대장경
　　X: 만속장경

『법화경』의 영험전으로는 당나라 때 남곡藍谷 사문 혜상慧詳이 엮은 『홍찬법화전弘贊法華傳』[1] 10권과 송나라 때 사명四明 사문 종효宗曉[2]가 엮은 『현응록顯應錄』[3] 4권이 있고, 우리나라에서는 고려 시대에 진정 국사眞淨國師[4]가 엮은 『해동전홍록海東傳弘錄』[5] 4권이 있다. 이제 이들 세 가지 책을 자세히 살펴보고, 그중에서 가장 특이한 일들을 골라 모아 두 권으로 만들어 후세 사람들에게 권하여 발심하게 하려는 것이니, 두 권을 합하면 모두 107가지[6] 신이한 일들이다.

관식 사문觀識沙門 석요원釋了圓[7] 씀.

---

1 『홍찬법화전弘贊法華傳』: 약칭 『법화전法華傳』이라고도 한다. 동진東晉에서 중당中唐 시기에 이르는 『법화경』 지송자持誦者들의 전기傳記와 감응感應 사례들을 싣고 있다. 모두 10권이며, 내용은 도상圖像·번역·강해講解·수관修觀·유신遺身·송지誦持·전독轉讀·서사書寫의 여덟 부분으로 되어 있다.(T51)
2 종효宗曉(1151~1214): 천태종 제17조인 사명 존자四明尊者 법지法知의 상족인 상현尙賢의 6대손 혜순慧詢의 제자로 사명四明 왕씨王氏 출신이다. 『불조통기』 권18에 그의 전기가 전한다. 저서로는 『사명존자교행록四明尊者敎行錄』·『낙방문류樂邦文類』 등이 있다.
3 『현응록顯應錄』: 『법화경현응록』을 말한다. 상하 2권으로 되어 있으며, 내용은 『법화경』에 출현하는 다보여래·석가여래·상불경보살 등 일곱 인물을 비롯하여 법화 관련 고승으로 비구 173인, 비구니 113인, 재가의 남성 32인과 여성 14인에 대한 영험담을 연대순으로 기술하였다.(X78)
4 진정 국사眞淨國師(1206~?): 성은 신씨申氏, 자는 몽차蒙且, 법명은 천책天頙이다. 충선왕 때 승려로 23세에 만덕산 백련사의 원묘圓妙 국사 문하로 출가하여 법을 이어받아 백련사 제4대 조사가 되었다. 시호가 진정 국사이다. 저서로는 『해동전홍록』 외에도 『실부록室簿錄』·『선문보장록禪門寶藏錄』·『호산록湖山錄』 등이 있다.
5 『해동전홍록海東傳弘錄』: 이 책은 현재 전해지지 않으며, 『동문선』 권1에 시명민 보인다. 법화영험담 중 우리나라에 관한 것만을 모은 것으로 추정된다. 『법화영험전』에 수록된 8편의 내용이 유일하게 전해지고 있다.
6 107가지: 실제로는 총 118화에 이른다.
7 요원了圓: 고려 후기 만덕산 백련사 계통의 천태종 승려이다. 충혜왕 1년(1331)에 왕사가 되었다. '관식觀識'이란 천태종의 지관止觀을 뜻하므로 '천태사문 요원'임을 나타낸다.

法華靈驗傳。有大【唐朝¹⁾】藍谷沙門慧詳²⁾所撰。弘贊傳十卷。大宋朝四明沙門宗曉所撰。現³⁾應錄四卷。又有本朝眞淨國師所撰。海東傳弘錄四卷。今歷覽此三傳。抄錄其中最爲奇特事。合成二卷。以勸發後來。兩卷合百七奇異。

觀識沙門。釋了圓錄。

---

1) ㉧ '朝'가 을본에는 없다. 2) ㉧ 을본의 관주冠註에서 '詳'은 달리 '祥'으로도 표기한다고 하였다. 3) ㉧ 을본의 관주에서 '現'은 현재 유통본(『현응록』)에 '顯'으로 되어 있다고 하였다.

법화영험전 상권
| 法華靈驗傳 卷上* |

관식 사문 요원** 지음
觀識沙門 了圓錄

* ㉨ 저본은 순치順治 9년 전라도 보성군 오봉산五峯山 개흥사開興寺 중간본重刊木이고, 갑본甲本은 가정嘉靖 13년 전남 고창 문수사文殊寺 중침重鋟 가야산 봉루사鳳樓寺의 판본이며, 을본乙本은 속장경續藏經(제2편 乙 第七套 제4책) 판본이다.
** ㉨ 지은이의 이름은 편자가 보충해 넣었다.

1. 소요원逍遙園의 향초(苢)가 상서를 나타내다
【이苢는 이以로 발음하니, 향초香草라는 뜻이다.】

구마라집(344~413 또는 350~409) 법사는 이곳 말로는 동수童壽라고 하는데, 구자국龜【구丘로 발음한다.】玆國 사람이다. 일곱 살에 출가하여 매일 천 개의 게송을 외웠다. 그의 어머니가 라집을 월지국月支國[1]으로 데리고 가서 아라한阿羅漢 한 분을 뵈었더니,[2] 그가 말하였다.

"이 사미는 35세가 되면 크게 불법佛法을 펴서 수많은 사람들을 제도할 것입니다."

어머니는 오직 그 말을 잊지 않고 있다가 하루는 라집에게 말하였다.

"대승(方等)의 깊은 가르침을 중국(眞丹)에 크게 펼치는 일이 오로지 너에게 달려 있다."

이때 부견符堅은 관중關中(지금의 섬서성 지방)에 웅거하고 있었는데, 태사太史가 아뢰었다.

"덕이 있는 상서로운 별이 외국 경계에 나타났으니, 반드시 큰 지혜를 가진 분이 중국에 들어와 도와줄 것입니다."

부견이 말하였다.

"나도 서역에 라집이라는 스님이 있다고 들었는데, 이분을 두고 하는 말이 아닌가?"

---

1 월지국月支國 : 중국의 감숙성甘肅省 지방에서 살다가 흉노에게 쫓겨 열하 지방으로 옮겼으나, B.C. 158년경에는 지금의 사마르칸트 지방에 정착하여 대왕국을 건설하였다. 건타라乾陀羅 왕국 때는 불교를 적극 보호하여 5백 아라한을 모아 『대비바사大毘婆沙』를 편찬했다. 그 후 지루가참支婁迦懺 등 많은 승려들이 중국에 들어왔다. 이 나라는 라집 법사가 살던 5세기까지 존속되었다.
2 『홍찬법화전』 권2에는 라집을 회임하였을 때 아라한 달마구사達摩瞿沙를 만난 것으로 되어 있다.(T51, 15b)

곧 여광呂光에게 군병을 주어 가서 구자국을 정벌하도록 하였다. 여광이 이미 라집을 데리고 돌아와 양주涼州에 도착했는데, 부견이 벌써 요장姚萇에게 살해되었다는 사실을 듣게 되었다. 이에 여광은 관중 밖에 웅거하여 스스로 후량後涼이라고 칭하였다. 요장이 죽고, 그의 아들 흥興이 왕위에 올랐는데, 종묘에 갑자기 연리수連理樹³라는 나무가 나오고, 소요원逍遙園의 파(葱)가 향초(薤)로 변하였다. 요흥은 이를 상서로 여겨서 드디어 여광을 정벌하고, 마침내 라집을 장안으로 맞아들이고, 국사國師의 예로써 모셨다. 요흥은 소요원에서 여러 승려들을 데리고 라집의 강설을 들었다.

구마라집은 중국의 한자에도 통달하여 전에 번역된 경전과 범본(胡本)을 비교하여 잘못된 점을 살펴서 홍시弘始 8년(406) 초당사草堂寺에서 승려 리犁【발음은 대략 리리로 한다.】 등 8백여 명과, 다시 사방의 의학義學 승려 2천여 명을 모아 옛 경전을 고증 교정하여 이『묘법연화경』 1부 7권을 역출하였다. 라집이 말하였다.

"내가 번역한『법화경』 등을 여러분들이 힘써 유포시켜 주십시오. 만약 번역에 오류가 없다면 원컨대 내가 죽은 뒤 몸을 태워도 혀는 타지 않을 것입니다."

말을 마치자 입적하였는데, 다비를 하니 과연 혀는 타지 않고 남았다. (이 일은)『양고승전梁高僧傳』과『진서晉書』에 자세히 보인다.

남산의『감통전感通傳』⁴에서 말하였다.

"위천인韋天人⁵이 말하였다.

---

3 연리수連理樹 : 두 그루의 나무가 합하여 한 그루로 된 나무. 임금의 덕이 세상에 두루 퍼졌을 때 나타난다고 한다.
4 『감통전感通傳』:『도선율사감통록道宣律師感通錄』을 가리킨다. 당나라 인덕麟德 원년(664) 남산 도선南山道宣이 찬술한 법화영험집이다. 이때 찬술된 또 다른 영험집으로 『집신주삼보감통록集神州三寶感通錄』(줄여서『三寶感通錄』)이 있다.
5 위천인韋天人 : 위천장군韋天將軍이라고 한다. 사천왕 밑에 각각 여덟 장군이 있는데,

'구마라집은 총명하여 대승을 잘 이해하여 과거칠불[6] 이래로 내려온 부처님 말씀을 번역하고 전하여 법왕(부처님)께서 남기신 뜻을 잘 드러냈다.'
(도선이 물었다.)
'세속에서 계를 허물었다고 말한다.'
(위천인이 답하였다.)
'이것은 반드시 겉모습으로만 평가할 수 있는 것이 아니다. 라집은 삼현보살三賢菩薩[7]의 지위에 오른 분이었으니, (불도를 닦지 않는) 한가로운 사람들이 의론할 수 있는 바가 아니다.'"

【『홍찬법화전』 권2, 『현응록』 상권】

園苜[1]呈祥【苜音以香草也】

法師鳩摩羅什。此云童壽。龜【音丘】玆國人。七歲出家。日誦千偈。其母携至月支國。見一羅漢。曰此沙彌。年至三十五。當大弘佛教。度無數人。母[2]唯其言。一日謂曰。方等深敎。應大闡眞丹。唯爾之力。時符堅據關中。太史奏云。有德星現外國分野。當有大智人。入輔中國。堅曰朕聞西域有羅什。將非是耶。即遣呂光。率兵伐龜玆國。光旣獲什。廻至凉州。聞符堅爲姚萇所害。乃據關外。僭號後凉。萇崩子興襲位。廟庭俄生連理樹。逍遙園葱變爲茝。[3] 以爲祥瑞。遂伐呂光。迎什入長安。侍以[4]國師之禮。興於逍遙園。引諸沙門。聽什講說。什[5]辯通華夏。覽舊經與胡本乖誤。以弘始八年。於草堂寺。與僧肇【音略利也】等八百餘人。更集四方義學沙門二千餘人。對舊

이는 남방천왕의 여덟 상수 중 하나이며, 사천왕에 소속된 32천왕 중 우두머리이다.
6 과거칠불 : 과거세에 출현하여 중생을 교화하신 부처님으로 경전마다 명호가 약간씩 다르다. 『약왕경』에서는, 비바시불毘婆尸佛·시기불尸棄佛·비사정불毘舍淨佛·구류손불拘留孫佛·구나함모니불拘那含牟尼佛·가섭불迦葉佛·석가모니불의 일곱 부처님을 들고 있다.
7 삼현보살三賢菩薩 : 10주十住·10행十行·10회향十廻向의 깨달음이 없는 보살을 말한다.

經考校。譯此妙法蓮華經一部七卷。什曰【所譯】法華等經。幸共流布。若所譯無謬。願焚軀後舌不焦爛。言訖而終。至於闍維舌果[6]不灰。委見梁僧傳及。[7] 南山感通傳。韋天人曰。什公聰明。善解大乘。彼自七佛已來傳譯。得法王之遺寄也。俗以陷戒爲言。此不須疑。[8] 什位三賢。非悠悠者也。[9]【出弘贊第二卷及現應錄上之[10]】

---

1) ㉑ '艹'가 을본에는 '㢑'로 되어 있다. 이하 동일. 2) ㉑ '母'가 을본에는 '每'로 되어 있다. 3) ㉑ '茝'가 을본에는 '㢑'로 되어 있다. ㉎ '茝'를 판본에 의거하여 '㢑'로 바로잡아 번역한다. 4) ㉑ '侍以'가 을본에는 '侍以以'로 되어 있다. 또 관주에서 '以'는 연문衍文일 것이라고 하였다. 5) ㉑ '什'이 을본에는 없다. 6) ㉑ '果'가 을본에는 '界'로 되어 있고, 관주에서 '界'는 '果'인 듯하다고 하였다. 7) ㉎ 『법화경현응록』(X78, 26a)에 따르면 '及' 뒤에 '晉書'가 누락되었다. 8) ㉑ '疑'가 『감통록感通錄』(T52, 437c)에는 '相評'으로 되어 있다. 9) ㉑ '也'가 『감통록』(T52, 437c)에는 '所議'라고 되어 있다. 10) ㉑ '之' 다음에 을본에는 '一'이 있다.

2. 하늘 꽃(天花)이 내려 상서를 보이다

양나라 무제武帝(502~549)가 아직 황제가 되기 전이었을 때 그의 집에서 7일 밤낮 빛이 나왔다. 이에 황제가 말하였다.

"이 집은 내가 살 만한 곳이 아니다."

그리고는 집을 내놓아 절로 만들고 광택사光宅寺[8]라고 이름한 다음, 법운 법사法雲法師[9]를 주지로 임명하였다. 법운 스님은 의흥義興 양선陽羨 사람으로 그가 태어날 때 구름이 방안에 가득하였던 까닭에 붙여진 이름인데, 일곱 살에 출가해서 다시 법운이라고 이름하였다. 스님이 사미(息慈) 시절에는 경전을 숭상하여 『법화경』을 자세히 연구하고 깊이 생각하여 뜻과 이치를 모두 통달하여 처음부터 끝까지 훤하게 살펴서 양나라 때 이름을 날렸다.

일찍이 스님이 어느 절에서 이 『법화경』을 강설하자, 갑자기 하늘 꽃이 눈 날리듯 하늘 가득하게 내렸다. 법당 안에 들어온 꽃은 공중에 올라 떨어지지 않다가 강설을 마치자 비로소 날아갔다. 언제나 공양 짓는 소임을 하는 스님이 있어 법운 스님께 배우면서 밤낮으로 지혜 얻기를 발원하였는데, 꿈에 홀연히 한 스님이 나타나 말하였다.

"법운 스님은 과거 등명불燈明佛[10] 때 이미 이 경을 강설하였는데, 그대

---

8 광택사光宅寺 : 강소성(지금의 南京)에 위치했던 절로 양 무제 천감天監 원년(502) 건립설과 3년 건립설이 있다.
9 법운 법사法雲法師(465~527) : 속성이 주씨周氏이며, 7세에 출가하여 13세부터 불교를 깊이 공부하고 연구하여 30세에는 묘음사妙音寺에서 『법화경』・『유마경』 등을 강의하였다. 보통普通 6년(525)에 대승정大僧正에 올랐다. 승민僧旻・지장智藏과 함께 양梁나라 3대 법사로 알려져 있다.
10 등명불燈明佛 : 『법화경』「서품」에 나오는 일월등명불日月燈明佛을 가리킨다. 과거세에 출현하여 여섯 가지 상서(六瑞相)를 보이고, 묘광보살妙光菩薩(문수보살의 전신)에게 『법화경』을 설하였다.

가 어떻게 갑자기 그와 같은 분을 상대할 수 있겠는가."

또 이릉현夷陵縣의 한 어부가 그물 속에서 한 권의 경전을 얻었는데, 그것은 『열반경』「사법품四法品」[11]이었다. 끝에 제목 붙이기를, "송나라 원휘元徽 2년(474) 왕보승王寶勝이 절을 지어 광택사에 법운 스님을 모셨다."라고 하였다. 이를 잘 살펴보면, 원휘 2년에 법운 스님은 나이가 겨우 열 살이었고, 절 또한 광택사가 없었으니, 이것은 신령스러운 상서가 미리 나타난 것이다.[12]

天花現瑞

梁武帝潛龍時。宅嘗七日七夜放光。帝曰非我所居。乃捨爲寺。名爲光宅。勅法雲法師爲主。雲師義興陽羨人也。生時雲氣滿室。因以爲名。七歲出家。更名法雲。雲年在息慈。雅尙經術。於妙法花[1] 硏精累思。品酌義理。始末昭覽。垂名梁代者也。嘗一寺講散此經。忽感天花。狀如飛雪。滿空而下。延于堂內。升空不墜。講訖方去。有常供養僧。學法雲師。日夜發願。望得慧解。忽夢一僧云。雲公燈明佛時。已講此經。那可卒敵也。又夷陵縣漁人。於網中得經一卷。是泥洹四法品。末題云。宋元徽二年。王寶勝造。奉光宅寺法雲師。以此勘之。元徽三[2]年。雲公年始十歲。寺無光宅。此乃靈瑞預彰也。

1) ㉲ '花'는 을본에 '華'로 되어 있다. 2) ㉲ '三'은 을본에 '二'로 되어 있다.

---

11 「사법품四法品」: 동진 법현法顯역, 『불설대반니원경佛說大般泥洹經』 6권본에 들어 있다.
12 본 영험담은 출전이 밝혀져 있지 않다. 아마도 『속고승전』 권5의 법운전 끝부분(T50, 465a)에 실린 법화영험담을 발췌한 듯하다. 유사한 내용이 『신수과분육학승전新脩科分六學僧傳』(X77, 170c)에도 보인다.

3. 묘妙 자를 쓰자마자 좋은 곳에 태어나다

중국 수나라 개황開皇 연중(581~600, 신라 진평왕)에 혜초慧超[13]라는 스님이 있었는데, 수행이 뛰어났고, 항상 『법화경』을 암송하였다. 제자 한 사람이 열다섯 살이 되자 갑자기 병으로 죽어 태산에 갔다. 얼마 후 혜초 스님이 그곳으로 가서 향을 피우고 온 이유를 말하자, 나무 인형이 홀연히 소리 내어 말하였다.

"스님의 계행이 투철하시니 감히 물으신 것을 말씀드리지 않을 수 있겠습니까?"

드디어 부군府君[14] 앞으로 데리고 갔다. 혜초 스님이 물었다.

"나의 제자는 지금 어디에 있습니까?"

부군이 말하였다.

"이곳에 있습니다만 아직 태어날 곳이 정해지지 않았습니다."

혜초 스님이 말했다.

"만나 보고자 하는데 그렇게 할 수 있습니까?"

부군은 곧 인도해 주도록 했다. 동쪽으로 수십여 보를 걸어가자, 과연 만나 볼 수 있었다. 고생(苦樂)이 어떠하냐고 물었더니, 제자가 대답하였다.

"다만 묶이어 구속되어 있을 뿐 괴로움이나 즐거움을 말할 수가 없습니다. 태어날 곳이 아직 정해지지 않았으니, 스승님께서 힘써 주십시오."

---

[13] 『홍찬법화전』 권10에는 혜초慧超가 아니라 도초道超 스님의 일화로 되어 있다.(T51, 42c)

[14] 부군府君 : 태산부군泰山府君·태산부군太山府君이라고 한다. 태산은 불교·도교에서 신앙의 대상으로 하는 영산靈山으로, 이곳에 태산부군이 머문다고 한다. 그는 『시왕경十王經』에서 설하는 제7 염라왕의 서기書記로 인간의 선악을 기록하는 일을 한다.

스님이 물었다.

"어떠한 공덕을 지으면 되겠는가?"

제자는 『법화경』 한 부를 조성하고 백 명의 스님에게 재를 베풀어 줄 것을 부탁하였다. 스님이 돌아와서 곧 경을 쓰고, 반승飯僧[15]을 베푼 다음 다시 돌아와 부군을 뵈었더니, 먼저와 똑같이 맞아 주었다. 스님이 그동안 한 일을 진술하자, 부군이 말하였다.

"제자는 스님이 경의 제목을 베껴 쓸 때 '묘妙' 자가 이루어지자마자, 곧 좋은 곳으로 환생하였습니다."

스님이 물었다.

"어느 곳에 태어났습니까?"

부군이 말했다.

"제군齊郡 땅 왕무王武의 집에 남자로 환생하였습니다. 세 살이 될 때까지 기다렸다가 가 보면 만날 수 있을 것입니다."

혜초 스님은 3년이 지난 뒤 곧 가서 물어보았다.

"시주님네 아드님을 보고자 합니다."

왕씨는 완강히 거절하고 아들이 있다는 말조차 하지 않았다. 스님이 부군의 말을 모두 말하자, 왕씨의 처가 방에 있다가 남편에게 말하였다.

"법사님의 영감靈感이 이와 같은데 보여 드리지요."

그리고는 아이를 안고 나왔다. 어린아이는 스님을 보자 달려 나와 스님의 품에 안겨 한참을 울었다. 아이는 자라 장년이 되자 스스로 출가를 하여 혜초 스님을 다시 스승으로 모셨다.

【『영서집』,『홍찬법화전』 권10,『현응록』】

---

15 반승飯僧 : 법회를 열어 승려들에게 재식齋食을 베푸는 일을 말한다.

妙字始成便生勝處【出弘贊傳第十及現應錄】[1)]

隋開皇中。有僧慧超。立行卓爾。常誦法華。有一弟子。年至志學。病死齊去泰山。不遠超往焚香。具述來意。木偶人忽發聲言。師戒行精苦。所問敢不容白。遂引至府君前。超白曰。弟子今在何處。君曰在此未有生處。超曰欲與相見得否。君即使領。東行數十步。果得相見。因問苦樂如何。弟子曰。但被拘繫。亦無苦樂念。生處未定願師昇溢[2)]之。師曰作何功德。弟子乞造法華經一部。設齋一百員。師旣歸即書經。飯僧事訖。復謁府君。相接如先。師陳所爲。君曰。弟子師寫經題。妙字始成。便生勝處。師曰生於何處。君曰還生齊郡王武家爲男子。待三歲可往覓之。超過三年。即往問曰[3)]檀越之子。欲得相見。王氏抵拒。不言有子。師具說府君之言。其妻在室語夫曰。法師靈感若此。可使見之。即抱兒子安限外。兒一見師。走入懷抱。悲泣良久。及年長大。志願出家。還事超師。【靈瑞集[4)]】

---

1) ㉇ '出弘……應錄'의 열 글자가 을본에는 없다. 2) ㉇ '溢'가 을본에는 '濟'로 되어 있다. 3) ㉇ '曰'이 을본에는 '言'으로 되어 있다. 4) ㉇ '集' 아래 을본에는 '又出弘贊傳第十及現應錄'이 있다.

4. 겨우 제목을 쓰자 이미 지옥에서 풀려나다

수隋나라 행견行堅 스님은 항상 선관禪觀을 닦아서 절개와 지조가 매우 엄숙하였다. 어느 날 볼일이 있어 태산을 지나다가 날이 저물어 산중의 절에 들어가 밤을 지내게 되었는데, 처마 아래에서 쑥대로 깔개 삼아 단정히 앉아 『법화경』을 외웠다. 1경更(오후 8시~10시)쯤 되자 홀연히 그곳의 신神이 나타났다. 옷차림이 아주 훌륭하였는데, 그 신이 행견 스님을 향하여 합장하는 것이었다. 스님이 물었다.

"세상에서 전해지기로 태산이 귀신을 다스린다고 하던데 맞나요?"

신이 말하였다.

"제자가 있습니다."

행견 스님이 물었다.

"나와 함께 공부하던 두 스님이 죽었는데 지금 그들이 여기에 있습니까?"

신이 이름을 물어 알려 주자 말하였다.

"한 사람은 이미 인간 세계에 태어났고, 다른 한 사람은 지금 지옥에서 전생의 갚음을 받고 있습니다."

행견 스님이 가서 만나 보고자 하였더니, 신이 사자使者를 시켜 담장이 있는 한 곳으로 데리고 갔다. 한 사람이 불 속에서 울부짖고 있는데, 그 형체가 변하여 알아볼 수 없고, 피와 살이 타는 냄새로 차마 그냥 볼 수가 없었다. 스님은 곧 처마 밑으로 돌아와 다시 신과 마주 앉자 물었다.

"저 스님을 구해 주고자 하는데 방도가 없겠습니까?"

신이 말하였다.

"구할 수는 있습니다만, 『법화경』을 베껴 쓰실 수 있겠습니까? 그렇게 하시면 틀림없이 지옥을 면할 수 있습니다."

행견 스님은 돌아와서 스님을 구해 주겠다는 원을 세우고, 『법화경』을 베껴서 책으로 만들어 그것을 가지고 사당으로 갔다. 신이 전과 같이 나타나므로 사경해 온 사정을 말하니, 신이 말하였다.

"스님께서 『법화경』의 제목을 쓰시자마자 그는 이미 지옥에서 벗어났고, 지금은 다시 인간 세상에 태어났습니다. 그런데 이곳은 청결하지 못하여 경을 모셔 두기에 적당하지 않습니다. 스님은 그냥 경을 가지고 돌아가셔서 절에 모셔서 공양하게 하십시오."

【『송고승전』, 『홍찬법화전』 권10, 『현응록』】

題目纔寫已脫冥司【出弘贊傳第十及現應錄】[1]
隋釋行堅。常修禪觀。節操嚴甚。因事經游泰山。日夕。入嶽寺度宵。[2] 藉蒿草於廡下。端坐誦經。可一更。忽見其神。衣冠甚偉。向堅合掌。堅問曰。世傳泰山治鬼是否。神曰弟子有之。堅曰有兩同學僧已死。今在否。神問名字。云一人已生人間。一人在獄受對。師往見之。神遣使引入墻院。見一在火中呼號。形變不可識。而血肉焦臭。堅不忍觀。即還廡下。復與神坐。堅曰欲救是僧得否。神曰可能。爲寫法華經。必應得免。堅去急報前願。經寫裝畢。賫而就廟。神出如故。以事告之。神曰師爲寫經題目。彼已脫去。今生人間。然此處不潔。不宜安經。願師還送入[3]寺中供養。【大宋高僧傳[4]】

---

1) ㉓ '出弘……應錄'의 열 글자가 을본에는 없다. 2) ㉓ '宵'가 을본에는 '霄'로 되어 있다. 3) ㉓ '入'이 을본에는 '人'으로 되어 있다. 4) ㉓ '傳' 아래 을본에는 '又出弘贊傳第十及現應錄'이 있다.

제1단 「서품」

1. 「서품」의 제목을 부르자 지옥이 텅텅 비다

좌감문교위左鑑門校尉 이산룡李山龍은 풍익馮翊 사람이다. 당나라 무덕武德 연중(618~626, 신라 진평왕)에 돌연히 죽었다가 이레 만에 다시 살아나 말하였다.

"한 사자에게 붙들려 염라대왕 앞에 이르렀는데, 보니까 죄 지은 자 수천 명이 끌려와 있었습니다. 염라대왕이 내게 묻기를, '그대는 세상에서 어떤 복을 지었느냐?'라고 하기에, '『법화경』두 권을 얻어서 외웠습니다'라고 대답하였더니, 아주 잘하였다고 칭찬하고, 곧 자리를 마련해 주면서 경을 한 번 외워 보라고 청하였습니다. 그래서 내가 『묘법연화경』「서품」제1까지 외우는데, 대왕이 '그만하고 멈추시오' 하기에, 내가 자리에서 내려와 여러 죄수들을 돌아보았더니, 그들이 모두 허공으로 날아서 가 버렸습니다. 대왕은 『법화경』을 외운 공덕의 힘으로 경을 들은 사람들까지 모두 해탈을 얻은 것이라고 칭찬하고, 나를 다시 돌려보내 살아나게 한 것입니다. 그리고 사자에게 명하여 여러 지옥들을 구경하게 하여 철성지옥鐵城地獄[16]과 확탕지옥鑊湯地獄[17] 등을 보았습니다. 한 사자가 말하기를, 당신이 지옥을 벗어나게 된 것은 다 『법화경』의 덕이니, 세상으로 돌아가거

---

16 철성지옥鐵城地獄: 『철성니리경鐵城泥犁經』에서 설해지는 지옥으로, 부모에게 효도하지 않은 자, 승려나 도인에게 불경스러운 자, 금지하는 계戒를 두려워하지 않고 범하는 자, 금세와 후세의 과보를 두려워하지 않는 자 등이 죽은 후 이 성에 떨어진다고 한다.

17 확탕지옥鑊湯地獄: 쇳물이 펄펄 끓는 지옥. 부처님의 금계禁戒를 파괴 훼손시키고 살생하여 고기를 먹으며, 산야山野를 태워 중생에게 해를 입히고 태워 죽인 자들이 가는 곳이다.

든 우리에게도 음식을 베풀어 달라고 하였습니다. 그러겠다고 승낙하였더니, 이렇게 다시 살아났고 가족과 친척들이 장례 준비에 한참 분주한 것이 보였습니다."

이산룡이 약속한 대로 곧 음식들을 준비하여 물가로 나갔더니, 홀연히 세 사람이 나타나서 사례하였다.

"그대는 약속을 잊지 않았군요."

말을 마치자 어디론가 사라졌다.

『태평광기』

唱題之頃地獄皆空

左監門校尉李山龍。馮翊人也。唐武德中暴亡。過七日乃蘇云。初被一使追。至閻王殿前。見囚徒數千。王問龍曰。汝作何福業。答曰誦得法華經二卷。王稱大善。即命敷座。請誦之。龍唱妙法蓮華經序品第一。王曰且止。龍便下座。顧諸囚徒。皆乘空而去。[1] 王稱誦經之力。使聞者皆得解脫。王即遣龍再生。又勅使者。引遊諸獄。令見鐵城鑊湯等事。使者曰。汝今得脫。皆經之力。汝歸當設我食。龍即許之既蘇。乃見親屬。經營殯具。即遣備食於水邊。忽見三人。謝曰君不失信。言已而隱。【大平廣記出】[2]

1) ㉮ '去'가 갑본에는 '志'로 되어 있다. 2) ㉮ '大平廣記出'이 을본에는 '出大平廣記'라고 되어 있다.

2. 사경 용지를 사러 갔을 때 이미 천당에 태어나다

낙주洛州(중국 하남성) 낙양 사람 하현령河玄玲이 용삭龍朔 2년(662)에 서울(京師)에서 죽어 저승에 가서 주부主簿[18]가 되었다. 인덕麟德 연중(664~665)에 하현령의 고향 사람이 죽어 저승에서 만났는데, 하현령이 고향 사람에게 어찌하여 여기까지 왔는지를 물었다.

"쫓겨서 여기까지 왔습니다."

현령이 말하였다.

"내가 오랫동안 주부를 맡아 보고 있는데 당신은 억울하게 일찍 왔군요. 당신을 석방하여 세상으로 돌려보내겠소."

고향 사람이 작별하고 막 저승에서 나오려는데, 전에 한 마을에 살던 노파가 그를 보고 말하였다.

"당신은 여기까지 왔으면서 어찌하여 내가 괴로움 받는 것을 못 본 체하는 것입니까?"

문득 살펴보았더니, 노파는 확탕지옥에서 펄펄 끓는 쇳물에 죄인으로서 삶아지고 있었다. 다시 노파가 말하였다.

"당신이 돌아가거든 내 남편에게 말해서 나를 위해 『법화경』 한 질을 만들어 달라고 해주십시오. 그가 어리석음에서 벗어나 허락하거든, 열흘 후에 당신이 마을 남쪽 물가 어귀에 와서 내게 알려 주시오."

이 사람은 다시 살아나자, 곧 노파의 남편을 불러서 『법화경』을 베껴 쓰라고 부탁했다. 남편은 급히 종이를 사다가 사람을 시켜 『법화경』을 베끼게 했다. 고향 사람이 약속한 날에 물가에 가 보았더니, 다른 노파만 보였다. 노파가 고향 사람에게 말하였다.

---

[18] 주부主簿 : 저승에서 문서 장부를 맡은 관리에 해당한다.

"그대가 먼젓번에『법화경』을 베껴 쓰도록 부탁 받은 사람인가요?"

그렇다고 하니, 그 노파가 말하였다.

"지난번 부인은, 남편이 사경 용지를 사온 날에 이미 하늘에 태어났습니다. 그래서 오늘 당신을 만나서 알릴 수가 없기 때문에 나에게 당신을 만나 보고 알려 주라고 부탁하여 내가 온 것입니다."

말을 마치자 이내 사라져 보이지 않았다.

【『홍찬법화전』권10】

買紙之時天堂已化

洛州洛陽人河玄玲。龍朔二年終於京師。冥司遣爲主簿。鱗[1]德中。玲鄕人死之。冥道與玲相見。玲問鄕人。君何至此。答曰被追至此。玲云我見案主逗留。君枉來也。放君還去。鄕人別玲。將出乃見。同村嫗謂鄕人曰。君至此。豈不觀我受苦處耶。便見鑊湯湧沸烹責罪人。嫗曰君可語我夫。爲我造法華經一部。脫蒙見許。却後十日。君可報我於村南水頭。鄕人旣蘇。乃即喚其夫。令爲寫經。其夫急與買紙。付人令寫。鄕人至前期日。往到水邊。乃別見他。嫗謂鄕人曰。君是前所囑寫經者乎。鄕人曰是也。嫗曰前者婦人。夫爲買紙之日。已往生天。所以不獲。赴期與君今日相見。故留言囑。令我報君言。畢遂不獲見也。【出弘贊第十】

---
1) ㉈ 을본의 관주에서 '鱗'은 '麟'인 듯하다고 하였다.

3. 왕이 머리를 풀어 진흙땅에 깔다

『대지도론』에서 말하였다.

옛날 천축국天竺國의 한 아란야阿蘭若[19]에 마하라摩訶羅라는 비구가 있었는데, 그 나라 왕이 머리를 풀어 땅에 깔아 진흙을 덮어서 그 비구가 밟고 지나가게 하였다.

이런 일이 있자, 어떤 비구가 와서 왕에게 말하였다.

"그 비구는 경전도 많이 읽지 않는데 어찌하여 그렇게 큰 공양을 베푸십니까?"

왕이 말하였다.

"내가 전에 어느 날 밤 그 비구를 만나 보려고 그의 처소로 가 보니, 그가 굴속에서 『법화경』을 읽고 있었는데, 금색 광명이 찬란한 어떤 사람이 커다란 흰 코끼리를 타고 비구에게 합장 공경하고 있었습니다. 내가 가까이 다가가니 저들은 곧 사라져 버렸어요. 그래서 물었습니다.

'대덕이시여! 내가 다가오자 금색으로 빛나던 사람이 사라졌으니, 어찌 된 일입니까?'

그 비구가 말하였습니다.

'그분은 변길보살徧吉菩薩[20]입니다. 변길보살은 스스로 말씀하시길, 어떤 사람이 『법화경』을 외우면 나는 마땅히 흰 코끼리를 타고 와서 그를 가르쳐 인도하겠다[21]고 하셨습니다. 그래서 제가 이 『법화경』을 읽고 있으니

---

19 아란야阿蘭若 : 범어 araṇya의 음사. 다투는 소리가 없는 조용하고 한적한 곳이라는 뜻으로, 사원寺院을 일컫는 말이다. 절은 사람이 붐비는 곳에서 좀 떨어져 있으면서 수행하기 적당한 곳에 위치하기 때문이다.
20 변길보살徧吉菩薩 : 보현보살普賢菩薩의 다른 번역.
21 『법화경』「보현보살권발품」 제28에서는, "이 경을 읽고 외우면 나는 그때 여섯 이빨의 흰 코끼리를 타고 큰 보살들과 함께 그가 있는 곳으로 가서 스스로 몸을 나타내어 공

까 변길보살이 스스로 오신 것입니다. 변길보살은 곧 『법화경』에 나오는 보현보살입니다.'

나는 이 말을 듣고 비구의 발에 예배하고 물러나 돌아왔습니다. 이러한 까닭으로 나는 지금도 항상 그 비구를 공양하는 것입니다."

【『홍찬법화전』 권9, 『현응록』 권1】

國王布髮

大智度論云。昔天竺國。有一阿蘭若。比丘名摩訶羅。其國王甞布髮掩泥。令比丘蹈過。又有比丘。來白王言。此人不多讀經。何以大供養。王言我曾一日夜半。欲見此比丘。即往其所。見此比丘。在窟中讀法華經。有一金色光明人。乘白象王。合掌供養。我方親近。彼即滅沒。我問大德。以我來故。金色光明人滅何耶。比丘言。此是[1]徧吉菩薩。徧吉自言。若有人誦法華經。我當乘白象來教導之。我讀是經。徧吉自來矣。徧吉即法華經中普賢菩薩也。我聞是已。禮足而退。是故。我今常當供養。【出弘贊第九及現應錄第一卷】

---
1) ㉘ '是'가 을본에는 '言'으로 되어 있다.

양하고 지켜서 그의 마음을 편안하게 위로하겠나이다."라고 하였다.

4. 천제天帝[22]가 금을 하사하다

청신사清信士[23] 음명관陰明觀은 단양 소추촌小鄒村 사람이다. 어린 나이에 출가하여 다른 일은 하지 않고, 『법화경』한 부만을 독송하였다. 후에는 환속해서 처자식을 거느리고 농사를 지으면서 살았다. 관청에서 부리는 일을 하기도 하였고, 집안일에 힘을 쏟기도 하였으나, 살림살이가 아주 어려워 먹고 입는 것도 제대로 이어가지 못하였다. 그러나 항상 『법화경』을 외우는 일은 잠시도 쉬지 않아 잠자고 밥 먹고 관공서의 일이나 개인적인 일을 할 경우를 제외하고는 하루도 멈추지 않았다.

얼마 후 밤중에 갑자기 공중에서 어떤 사람이 부르기를, "음명관이여, 음명관이여!" 하는 소리가 들렸다. 부르는 소리가 아주 또렷하여 일어나서 대답하였더니, 공중에서 그 사람이 다시 말하였다.

"그대는 일어나라. 내가 그대에게 금과 보물을 주겠노라. 마을 남쪽 밭의 동쪽 머리 큰 황련黃蓮나무 아래에 보물이 있을 것이니, 그대가 가서 갖도록 하라."

음명관은 기쁜 마음으로 곧 일어나 아들을 불러 횃불과 괭이를 가지고 함께 그 밭으로 가자고 했다. 아들은 아버지가 금을 가지러 가자고 하니, 오히려 의심스럽고 걱정이 되어 '이 밤중에 갑자기 무슨 금을 가지러 가자고 하실까?' 하며 속으로는 혹시 아버지가 미쳐서 정신이 돈 것이 아닌가 생각했다. 아버지가 가자고 고집하므로 나무 밑에 도착하여 땅을 파보았으나 금이 보이지 않았다. 어린 아들은 그만 돌아가자고 하였다. 그러자 별안간 공중에서 말하는 소리가 들렸다.

---

22 천제天帝 : 제석천帝釋天·천제석天帝釋으로 도리천忉利天의 왕을 말한다.
23 청신사清信士 : 우바새優婆塞라고 한다. 재가자로서 삼귀의계와 오계를 받고 청정한 신심信心을 가진 남자 신도를 말한다.

"좀 더 나무 앞 가까이 파 보아라."

말대로 하였더니 과연 금을 얻을 수 있었다.

이로 인하여 살림이 나아져서 다시는 가난에 시달리지 않게 되었다. 마을 사람들이 음명관의 생활이 넉넉해진 것을 이상하게 생각하여 다른 이유가 있을 것이라고 의심하므로 음명관은 동네 노인네들에게 사실대로 자세히 말하고서 더욱더 부지런히 외워 익혔다.

【『홍찬법화전』 권8】

天帝賜金。

淸信士陰明觀。丹陽小鄒村人也。少年曾經出家。無他行業。誦法華經一部。後遂還俗。兼有妻子。家業農功。或被官馳役。或居家力作。生業甚貧。衣食不繼。口恒誦經。不曾暫息。除寢食祗承官私人事之外。皆不弃日。在後忽於夜中。聞空中有人。喚陰明觀陰明觀。喚甚分明。觀起應諾。空中人又曰。汝起。我與汝金寶。寶在村南田東頭大黃蓮樹下。汝可往取。觀懷欣即起。呼其子。持火及鍬钁。共往田中。子見父將往。猶懷疑恨曰。那得忽尒夜中取金。阿翁狂顚。父固戾¹⁾去。及至樹下掘钁。了不見金。兒又諫父。須臾之頃。聞空中聲曰。可更近前。依言而取。果有所獲。因此生業用展。無復貧寒之弊。村鄕恠其引用異常。疑有他故。觀乃其向父老說之。彌勤誦習。【出弘贊第八】

---

1) ㉑ '戾'가 을본에는 '跋'로 되어 있다.

제2단 법설주[24] 「방편품」

1. 죽은 아내가 하늘에 태어나다

진법장陳法藏은 옹주雍州(중국 섬서성에 있음) 만년현萬年縣 패곡覇曲 사람이다. 공선供膳이 되어 정관貞觀 18년(644)에 낙주洛州에 올라가 번을 섰다. 그 뒤에 처가 죽었다. 어느덧 번 일을 마치고 고향으로 돌아오는 길에 자기 동네에서 10여 리 남짓 떨어진 길에서 죽은 아내를 만나게 되었다. 아내가 말하였다.

"저는 이미 죽은 지 며칠이 지났습니다."

잠깐 사이인데 진법장 앞에 홀연히 여덟아홉 채의 집이 보였다. 가난한 사람의 집인 듯하였다. 진법장이 그중 한 칸 모퉁이에 앉아 있었는데, 다음 방에서는 잠깐 사이 아내가 불려 나갔다. 법장이 따라가 보니, 아내가 쇠머리(牛頭)를 한 옥졸에게 붙들려서 쇠꼬챙이에 꿰어 펄펄 끓는 쇳물에 던져지니 뼈와 살이 흩어져 버리고 쇳물에서 꺼내면 도로 살아났다. 이렇게 일곱 번을 되풀이하고 나서야 놓아주니, 서로 만날 수 있었다. 참혹해진 몰골을 한 아내가 진법장에게 말하였다.

"제가 당신의 후처가 된 후, 전 부인은 스스로 목숨을 끊은 것이지 제가

---

[24] 법설주法說周 : 천태 지의가 『법화경』의 구조를 파악하면서 설한 '삼주설법三周說法' 가운데 첫 번째에 해당한다. 지의는 제2 「방편품」부터 제9 「수학무학인기품」까지를 경의 전반부(迹門)의 정종분으로 보았다. 그중 제2 「방편품」과 제3 「비유품」의 앞부분에서는 상근기를 위하여 개삼현일開三顯一(삼승을 열어 일승의 뜻을 드러냄)의 법을 직접 설하므로 이것을 법설주法說周라고 한다. 다음 제3 「비유품」부터 제6 「수기품」까지는 중근기를 위하여 비유를 들어 거듭 설하므로 비설주譬說周라 하고, 제7 「화성유품」부터 제9품까지는 하근기를 위하여 과거로부터의 인연을 들어 자세하게 설해 보이므로 인연주因緣周라고 한다. 요원 역시 이러한 삼주설법에 의거하여 『법화경』의 구성을 파악하고 있음을 알 수 있다.

해친 것이 아닙니다. 집의 옷장 속에 5백 냥이 있고, 집에 있는 소는 팔면 1천5백 냥은 받을 것입니다. 돌아가시거든 시어머님(阿婆)께 부탁드려 저를 위해 『법화경』을 베껴 써 주시면 저는 이 괴로움에서 벗어날 수 있습니다. 제 말을 잊지 마시고 어머님께 잘 말씀드려 주세요."

법장은 집으로 돌아오자 어머니께 사실을 말하였다. 소를 팔아 1천5백 냥을 마련하고, 곧 경 베끼는 사람을 청하여 종이를 사오게 한 다음 다시 아내가 있던 집으로 찾아갔다.

법장이 문을 두드리니, 그 집에서 멀리 떨어진 곳에서 대답이 들려왔다.

"당신의 부인은 어제 사경할 종이를 살 때 이미 하늘에 태어났습니다."

그는 몹시 기뻐하며 그 뒤로 『법화경』을 더욱 깊이 믿고 받들었다. 재물이 생길 때마다 『법화경』 베껴 쓰기를 19년 동안 하고는 홍선사興善寺[25]로 가서 예배 공양하고 여러 스님들에게 자세히 이야기하였다.

【『홍찬법화전』 권10】

亡婦生天

陳法藏。雍州萬年縣霸曲人也。身爲供膳。貞觀十八年。洛州上番。去後妻亡。下番廻道。[1] 離本住村可十餘里。路逢亡妻。妻云我今已死。經於數日。須臾之間。藏忽見八九家。如貧人宅。藏坐一間偏。次屋少時。其妻被喚拷[2]去。藏隨後看[3]見。妻被牛頭獄卒。鐵叉貫之。內錢湯中。骨肉分散。又出還活。如是七返訖。放來相見。形容頓惡。語藏云。與君爲後妻。前婦自死。非妾所害。君襆[4]內有五百錢。家中有牛。可直千五百。至家諺阿婆。努力爲妾。寫法華經。妾卽得離此苦。將妾此語。諺請阿婆。藏歸啓母。賣牛恰得

---

25 홍선사興善寺: 중국 섬서성 서안시에 있는 절. 수나라 문세 때 창건된 후 수당 이래 장안 제일의 대찰大刹이었다.

千五百。即喚經生買紙。藏因行。更尋妻住處。藏始扣門便聞。比家遙報云。君新婦昨買紙時。已即生天。其[5]驚喜。信奉增至。所得財利。每寫法華。十九年。向興善寺。供養行道。具向諸僧說【出弘贊第十】

---

1) ㉒ '道'가 을본에는 '首'로 되어 있다.   2) ㉒ '扲'이 을본에는 '將'으로 되어 있다.
3) ㉒ '看'이 을본에는 '者'로 되어 있다.   4) ㉒ '襆'가 을본에는 '㠸'으로 되어 있다.
5) ㉒ 편자는 '其' 다음에 '夫'가 누락된 것으로 본다. ㉚『홍찬법화전』권10에는 '其' 다음에 '人'이 있다.(T51, 45c)

2. 신인이 길을 가르쳐 주다

원지통袁志通은 농성현隴城縣 사람이다. 그는 항상 『법화경』을 외웠는데,[26] 나이 스물이 되자 군대에 뽑혀 갔다. 8만蠻[27] 정벌군으로 차출되어 집에서 만 리나 떨어진 곳이었으나 『법화경』 독송을 그치지 않았다. 남쪽 경계에 이르러 아군이 크게 패하여 많은 사람들이 다쳤다. 지통이 두려워 어찌할 바를 모르고 있는데, 갑자기 다섯 사람이 말을 타고 그 앞에 나타나서는 그중 맨 끝의 사람이 지통에게 말하였다.

"그대는 『법화경』을 염송하여 좋은 과보를 닦았으므로 우리 선신善神들이 수호해 주어 아무도 당신을 해치지 못하게 할 것입니다. 여기서 7리쯤 가면 탑이 하나 있을 것이니, 그 탑 속에 숨어 있으면 오랑캐군도 곧 돌아갈 것입니다."

또 두 스님이 나타나서 말하였다.

"단월檀越(지통)이 『법화경』을 독송한 공덕의 힘으로 다섯 신인을 보내서 호위한 것입니다. 당신이 앞으로도 계속 정진하면 항상 선신들이 가까이에서 도와줄 것입니다."

말을 마치자 공중으로 올라서 가 버렸다. 이때부터 원지통은 세 번을 적과 싸웠으나 조금도 다치지 않고 오랑캐를 평정하고 무사히 집으로 돌아올 수 있었다.

정관 8년(634)에 병이 들어 죽으니, 사자가 나타나 그를 따라 염라대왕이 계신 전각 앞에 이르렀다. 대왕이 물었다.

"그대는 어떤 좋은 일을 하였는가?"

---

26 『법화경현응록』 권하에는 『법화경』과 『금강경』을 함께 암송한 것으로 나온다.(X78, 57a)
27 8만蠻 : 문물이 보잘것없는 중국 남쪽에 있는 나라를 지칭한 말이나. 보통 천축天竺·해수咳首·초요僬僥·피종皮踵·천흉穿胸·담이儋耳·구지狗軹·방춘旁春을 가리킨다.

"항상 『법화경』을 받아 지녀 재계齋戒하고 예참禮懺[28]했습니다."라고 대답하였더니, 대왕은 이 말을 듣자 합장하고 찬탄한 다음, 금으로 만든 의자와 옥으로 된 책상을 전각으로 가져오라 하고는 융단을 깔고 자리를 마련해 놓은 다음 지통에게 자리에 올라 『법화경』 외우기를 청하였다. 지통이 한 권을 외우고 나니, 대왕이 말하였다.

"그대의 덕업이 매우 깊어서 마땅히 다시 지옥을 보고서 죄와 복은 틀림없음을 분명히 알도록 하십시오."

지옥을 두루 돌아본 지통은 몹시 겁이 나고 두려웠다. 다시 염라대왕 앞으로 가니, 대왕이 말하였다.

"그대는 지옥을 보았으니, 마땅히 다시 부지런히 정진해야 할 것이오. 그래서 내가 당신이 더 오래 살도록 부탁드렸소."

지통은 다시 소생하자 위와 같은 일들을 이야기해 주었다.

【『영서집』,『현응록』】

神人指路

袁志通。隴城縣人也。誦法華經。年二十點入軍。差征八蠻。去家萬里。持誦不絕。至南界軍敗。多被損傷。通恛惶不已。忽有五人。乘馬在前。最後一人謂通曰。汝修善果。誦念經文。余等善衆守護。不能爲害。汝行七里許。有一塔。可入中隱。蠻卽還營矣。又見二僧謂通曰。檀越以讀誦力故。適遣五人衛護。汝當精進。恒有善神匡贊。言已乘空而去。自尔凡經三陣。不被寸鐵。蠻平得歸。貞觀八年。抱疾命終。見使者。追至閻王殿前。王問作何善行。通曰常持法華。齋戒禮懺。王聞合掌稱歎。告取金床玉几至殿。安設氎褥。請通上座誦經。誦一卷而止。王曰汝之德業甚深。應更觀地獄。令知

---

28 예참禮懺 : 삼보三寶를 청하여 예배드리고 자기 잘못을 드러내어 참회하는 것을 말한다. 『법화경』을 모시고 예참하는 방법은 천태 지의天台智顗의 『법화삼매참의法華三昧懺儀』에 자세히 설해져 있다.

罪福不差。通見戰懼。復詣王所。王曰汝見地獄。應更勤修。是故我今乞汝長年也。通蘇述之如上。【出靈瑞集現應錄】

3. 섣달 한겨울[29]에 연꽃이 피다

법융法融 스님[30]은 속성이 위씨韋氏이며, 단양 연릉현延陵縣 신정新亭 사람이다. 어려서 속세를 떠나 승려가 되어 회영산晦影山 총림에서 『법화경』을 배우고 나서 경전을 짊어지고 천 리 길도 멀다 않고 스승을 찾아 나섰다.[31] 그런데 성품은 항상 됨이 없어 대중들이 이러한 스님을 용납하지 않았다.

뒤에 그는 단양 우두산牛頭山 유서사幽栖寺로 돌아와 따로 작은 방을 마련하고 예전처럼 수행에 몰두하였으므로 원근遠近의 학자와 승려들이 따라와 그에게 귀의했다. 마침내 법융 스님이 바위 계곡 앞에서 『법화경』 한 부를 강의하였는데, 그때는 바로 몹시 추운 한겨울이어서 서리가 하얗게 나무에 엉겨 붙었지만, 강의하는 곳에는 두 줄기의 금색 연꽃이 피어났다. 대중들이 매우 놀라고 기이하게 여겨 일찍이 없던 일이라고 감탄해 마지않았다.

그리고 한 마리 커다란 사슴이 항상 시간에 맞추어 와서 강설을 들었으므로[32] 문인들은 크게 발심하여 모두 『법화경』으로 바른 수행(正業)을 삼았다. 그 후 법융 스님이 어디서 입적하였는지 알 수 없다.[33]

【『홍찬법화전』 권3】

---

29 원문은 '臘月'이니, 음력 섣달의 별칭이며, 가장 추운 겨울을 의미한다.
30 법융法融 스님(594~657) : 당唐대의 선승禪僧으로 우두선牛頭禪의 개조이다. 『대품반야경』을 읽고 진공眞空의 묘리를 터득하였다. 정관 17년(643)에 우두산 유서사幽棲寺로 들어와 바위 아래에 선실禪室을 짓고 수행하였다.
31 『홍찬법화전』 권3에서는, "스승을 찾아 나서 풍락사豐樂寺 대명 법사大明法師에게 삼론三論을 들었고, 『화엄』·『대품大品』·『대집大集』·『유마維摩』·『법화』 등 여러 경전을 배웠다."라고 하였다.(T51, 18c)
32 『홍찬법화전』 권3에서는, 경전 강의가 끝나자 연꽃도 사라지고 항상 오던 사슴도 더 이상 오지 않았다고 한다.(T51, 19a)
33 실제로 법융은, 이 문장과는 달리, 현경顯慶 2년(657) 윤閏 정월 23일 건초사建初寺에서 춘추 64세로 입적하였다.(『속고승전』 권20, T50, 604b)

蓮開臘月

釋法融。俗性韋氏。丹陽延陵新亭人也。少小被緇去俗。晦影山林。學法華經。負笈尋師。不遠千里。然率性無恒。不爲時輩所許。後歸丹陽牛頭山幽捿[1]寺。別爲小屋。精修故業。遠近學侶翕尒歸之。乃於岩谷之前。講法華經一部。于時正在盛冬。凝霜被木。乃於講所。忽生二莖金色蓮華。衆甚驚異。嘆未曾有。又有一大鹿。常依時聽講。門人發心。皆以法華爲正業。後不知所終。【出弘贊第三】

---

1) ㉮ '捿'가 을본에는 '栖'로, 『홍찬법화전』 권3(T51, 19a)에는 '棲'로 되어 있다. 여기서는 을본에 따라 번역한다.

4. 부처님께서 하늘에 태어날 것을 수기受記하시다

청신사 육순陸淳은 오吳나라 사람이다. 『법화경』 한 부를 외우고 채식하면서 오랫동안 재계하였다.

대업大業 2년(607) 5월에 병이 들어 매우 위독하게 10여 일을 지나더니, 그 후부터는 나흘 밤낮을 반듯하게 누워서 천장을 쳐다보고 잠시도 눈을 돌리지 않았다.

스승인 예叡 법사가 와서 병세를 살펴보고 물었다.

"어디를 그렇게 보고 있는가?"

그가 대답하였다.

"부처님께서 저에게 염마천焰摩天[34]에 태어날 것이라고 수기受記하셨으므로 지금 염마천의 대궐과 전각이며 숲과 성벽이며 여러 천인들을 보고 있습니다. 그곳을 보면 아름다운 음악이 연주되어 싫증이 나지 않습니다."

그리고는 나흘이 지나자 세상을 떠났다.

【『홍찬법화전』 권7】

佛記天宮

清信士陸淳。吳人也。誦法華經一部。蔬食長齋。大業二年五月。染患甚篤。經十餘日。於後四日四夜。仰臥看屋。了不暫瞬。[1] 有知識叡師。因來看疾問。何所視耶。答云。佛記淳當生焰摩天。今見彼天宮堂殿林木城闕。諸天徒衆。看之致樂。不覺倦也。過四日身亡。【出弘贊第七】

1) ㉮ '瞬'가 을본에는 '暖'으로 되어 있고, 또 관주에서 '暖'은 '緩'인 듯하다고 하였다.

---

34 염마천焰摩天 : 욕계欲界의 여섯 하늘 중 제3천으로, 야마천夜磨天이라고도 한다. 도리천忉利天에서 360만 리 위에 있다고 한다.

제3단 「비유품」·「신해품」·「약초유품」·「수기품」[35]

1. 읽은 경권은 무거우나 지은 죄 문서는 오히려 가볍다

유시劉時는 옹주雍州 만년현萬年縣 평강방平康坊 사람이다. 그는 영륭永隆 2년(681)에 병이 든 지 이틀 만에 죽었다. 죽은 지 엿새가 지났는데도 심장의 온기가 남아 따뜻하였다. 그리하여 가족들은 이미 장례 치를 준비를 마치고 날짜까지 정했으면서도 감히 염습을 하지 못하고 있었다. 이레째 되던 날 새벽에 갑자기 다시 깨어나 말하였다.

"그 당시 어떤 사람에게 붙들려 큰 성으로 들어가니, 궁전과 누각이 웅장하고도 화려하여 이상하게 생겼는데, 염라대왕이 보였다. 대왕이 말하기를, '그대가 세상에서 지은 공덕을 말하라' 하므로, '생시에 『법화경』두 권을 읽었을 뿐이고, 그 밖에 특별한 공덕은 없습니다'라고 대답하였다. 대왕이 죄 문서와 업業의 저울을 찾아내어 달아 보니, 『법화경』두 권이 죄 문서보다 더 무거웠다. 대왕은 죄 문서를 검토해 보고, '이 사람은 90세까지 살아야 한다'라고 말했다. 그리고 죄 문서를 맡은 이에게 '이 사람을 석방하여 세상으로 돌려보내라'라고 명하였다. 이 때문에 내가 다시 살아나게 된 것이다."

이후 유시는 계戒를 받고 술과 고기를 먹지 않았으며, 금으로 『법화경』을 조성히여 오래오래 공양하였다.

【『홍찬법화전』 권9】

---

35 삼주설법으로 보면, 제3단의 네 품은 비유로 법을 설하는 부분인 비설주譬說周에 해당한다.

經卷重而罪案輕

劉時。雍州萬年縣平康坊人也。永隆二年六月。患經二日致死。死經六日。唯心上煖。其家已擇殯日。未敢襲歛。至七日。平旦忽然再蘇云。當時被一人引入大城。宮殿樓觀。壯麗異常。見閻羅王云。汝可具錄生時功德。遂答。生時唯讀法華經兩卷。更別無功德。王遂索罪案及業秤。秤之。法華兩卷乃重於罪案。王撿案云。其人合得九十年活。謂案典曰。可放他還。因令得活。遂受戒不飲酒食肉。造金字法華。永充供養。【出弘贊第九】

2. 전염병이 낫고 수명은 길어지다

혜치慧峙 스님은 시흥始興 사람이다. 어려서부터 채식을 하며 열심히 『법화경』을 읽은 것이 어느덧 3천여 번에 이르렀다. 그런데 23세 때 갑자기 전염병에 걸려 수십 일이 지나도 낫지 않았다. 어느 날 밤 꿈을 꾸었는데, 어떤 사람이 그를 데리고 한 곳에 이르니, 담장이 울긋불긋한 것이 관청과 똑같았다.

문으로 들어가서 살펴보니, 귀인의 모습을 한 사람이 키가 8척, 9척은 되겠고, 몸에 감색 비단 도포를 입었으며, 머리에 검은 사모를 썼는데 이 분을 염라대왕이라고 하였다. 염라대왕이 스님에게 물었다.

"세상에서 어떤 덕업을 지었습니까?"

"어려서부터 『법화경』을 외웠습니다."라고 스님이 대답하자, 대왕이 외울 수 있는지 물었다.

스님은 곧 높은 자리에 올라 서쪽을 향해 앉아서 『법화경』을 외우기 시작하여 둘째 권「비유품」가운데, "비유하건대 어떤 장자가 큰 집에 거주하면서"[36]라는 구절에 이르자, 대왕이 자리에서 일어나 말하였다.

"법사는 다시 돌아가십시오."

그리고는 두 사람에게 명하여 스님을 전송하게 하였다. 이 때문에 꿈에서 깨어나니, 병도 가벼워지고 며칠이 안 가서 평소와 같이 회복되어 곧 『법화경』을 독송할 수 있게 되었다.

또 55세 되었을 때 다시 전염병에 걸렸다. 어느 날 갑자기 꿈을 꾸어 시흥 과심사果心寺 부도浮圖[37] 위에 서 있는데, 어떤 사람이 내려가라고 밀면

---

36 법화칠유法華七喩 중「비유품」에 나오는 장자궁자長者窮子의 비유이다.
37 부도浮圖(buddha stupa) : 부도浮屠·불노佛圖라고노 표기한다. 원래는 부처님의 사리를 모신 불탑이나 불상을 말하는데, 시간이 지나면서 묘탑廟塔이나 승려들의 사리탑舍

서 말하였다.

"그대는 80여 살까지 살 수 있을 것입니다."

꿈을 깨자 이내 병이 나았다.

수隋나라 대업大業 13년(617)에는 그의 나이 82세였는데, 그 후 어디서 입적하였는지 알 수 없다.

【『홍찬법화전』 권7】

時患痓而壽笁永

釋慧峙。始興人也。少而道素。誦法華經。凡三千餘徧。年二十三。忽染時患。經涉數旬。乃夢。有人將峙。到一所。墻院赤白。一如官舍。入門卽見。貴人形長八九尺。身著絳紺袍。戴烏妙帽云。是閻羅王。王問師。作何德業。峙答云。少來誦法華經。王云可誦。峙卽昇一高座。面西誦法華經第二卷。到比¹⁾喩品中。＊比如長者有一大宅便住。王卽起云。法師還去。命二人送。因卽醒悟。疾亦輕損。數日平復。卽能讀誦。又年五十五時。身又染患。忽夢。在始興果心寺浮圖上立。有人推下云。乞汝八十餘年命。因卽痊愈。到大業十三年。年八十二歲。後不知所終。【出弘贊第七】

---

1) ㉮ '比'가 을본에는 '譬'로 되어 있다. 이하 동일.

利塔까지 가리키는 말이 되었다.

3. 밤이 대낮같이 밝아지다

　신씨辛氏라는 노인이 있었는데, 그 이름은 전하지 않는다. 나이 80여 살이 되도록 정주시鄭州市의 남쪽에서 살면서 항상 『법화경』을 읽으면서 마음을 청결히 하였다. 그는 30여 년을 매일 밤마다 경을 읽어 왔는데, 경을 읽을 때면 밤이 대낮같이 밝아 등불을 켤 필요가 없었고, 만약 경을 읽지 않으면 평상시와 같이 어두워져서 아무것도 볼 수 없었다.

【『홍찬법화전』 권9】

夜明如晝

有辛老者。失其名。年八十餘。住鄭州市南角。常讀法華經。專心淸潔。自三十年來。每夜讀經。夜明如晝。不可燈燭。若捨經卷。還暗如常。不復見物。【出弘贊第九】

4. 때맞춰 비가 내려 골고루 적시다

혜원慧遠[38] 스님의 속성은 박씨朴氏[39]이며, 경조京兆 사람이다. 나이 겨우 열 살 때 길장吉藏[40] 법사에게 가서 출가하고 구족계를 받은 후부터 두루 듣고 많은 지식을 쌓아서 『법화경』을 강설하였다. 만년에는 속세를 떠나 남곡藍谷에서 지내면서 한가로이 도를 즐겼다. 당나라 정관貞觀 19년(645)에 절에서 하안거를 지내는데, 이때 마침 몹시 가물어 스님은 『법화경』을 강설하여 감로비를 내리도록 기원하니, 사방에서 소식을 듣고 사람들이 구름처럼 모여들었다.

그 법회가 열릴 때마다 두 노인이 시간을 맞추어 와서 듣는데 전혀 알 수 없는 사람이었다. 혜원 스님은 늘 기억해 두고서 한 번 물어보리라 생각하면서도 말을 꺼낼 기회가 없었다.

그러다가 강설이 「약초유품」에 이르자 큰비가 흡족하게 내리더니, 그 두 노인이 사흘 동안이나 법회에 나오지 않았다. 그 후 지팡이를 짚고서 함께 왔다.

혜원 스님이 이상하게 여겨 그 까닭을 물었더니, 한참을 머뭇거리다가 대답하였다.

"저희 제자들은 용龍입니다. 저희들이 직접 법사께서 「비유품」을 펴시

---

38 혜원慧遠 : 여기에 나오는 혜원은 동림사東林寺 혜원(334~416)이나, 수나라 때 정영사淨影寺 혜원(523~592, 속성 李氏)과는 연대나 속성으로 보아 일치하지 않는다. 또 법장法藏의 제자 혜원慧苑(673~743?)과는 출신지는 같으나 연대 차이가 있어 다른 사람인 듯하다.
39 박씨朴氏 : 『홍찬법화전』 권3에는 두씨杜氏로 되어 있다.(T51, 19b)
40 길장吉藏(549~623) : 당나라 때 고승으로 안식국安息國 출신이다. 삼론三論을 대성하여 삼론종을 부흥시켰다. 『삼론』 1백여 편, 『법화경』 3백여 편, 『대품경』 등 각 10여 편을 강설하였고, 『중론소中論疏』・『십이문론소十二門論疏』・『삼론현의三論玄義』・『법화현론法華玄論』 등의 수많은 저술이 있다.

어 방편의 문을 열어 주셔서 법사님의 은덕에 보답하고자 갑자기 비를 내렸습니다. 그러나 그때는 감응하여 비 내릴 때가 아니었는데, 저희 마음대로 비를 내렸기 때문에 용왕님께 매를 맞았습니다."

그리고는 갑자기 사라져 나타나지 않았다.

스님은 타고난 성품이 겸손하여 비록 어린 사미승을 만나더라도 반드시 탈것에서 내려 인사를 하였다. 그래서 어떤 사람이 그 까닭을 물으니, 스님이 대답하였다.

"알아보기도 어려운 남루한 옷을 걸친 사람이나 선인이나 성인의 훌륭한 옷을 입은 사람이거나 부처님께서는 공경으로 대하여 이제 정각正覺을 이루셨는데, 나 같은 일개 승려가 어찌 감히 따르지 않겠습니까?"

혜원 스님은 항상 『법화경』을 외워 자주 신령스런 감응이 있었는데, 어떤 때는 등잔에 기름을 넣어 주지 않았는데도 며칠 동안 저절로 불이 밝았던 일도 있었다.

【『홍찬법화전』 권3】

時雨普霑

釋慧遠。俗性朴氏。京兆人也。年甫十歲。投吉藏法師。而出家焉。具戒已後。博[1]聞多識。講法華經。晚辭人境。卜居藍谷。乘閑樂道。貞觀十九年。在寺夏坐。時屬亢旱。乃講法華。以祈甘液。遠近聽之。雲集霧委[2] 每有二老。應時而至。既非舊識。遠默[3]記之。潛思詰問未之發也。既講至藥草喩品。大雨霑洽。向之二老。三日不來。後策杖俱臻。遠恠呼而問。乃逡巡對曰。弟子龍也。比蒙法師。弘比[4]喩之品。開方便之門。思酬德惠[5] 忽然降雨。且時。未應下感。擅酒之故。爲龍王所笞耳。因忽不現。遠雅性謙揖。雖遇沙彌。必下騎而存問也。或問其故。答曰髡髴染衣。仙聖幢相。獅子致敬。今成正覺。在予一介。敢不遵乎。遠常誦法華。頻有靈感。或不加油。炷燈數日自明。【出弘贊第三】

1) ㉑ '愽'이 을본에는 '博'으로 되어 있다.   2) ㉑ '종'가 을본에는 '隨'로 되어 있다.
3) ㉑ '默'이 을본에는 '點'으로 되어 있고, 관주에서 '點'은 '默'인 듯하다고 하였다.
4) ㉑ '比'가 을본에는 '譬'로 되어 있다.   5) ㉑ '惠'는 을본에 '慧'로 되어 있다.

5. 향을 피우지 않아도 연기가 저절로 피어오르다

지염智琰 스님은 속성이 주씨朱氏이며, 오군吳郡 사람이다. 할아버지 헌獻은 양나라 때 산기시랑散騎侍郞이었고, 아버지 민珉은 진陳나라 때 봉조청奉朝請 벼슬을 하였고, 어머니는 장씨張氏이다. 여덟 살 때 출가하여 통현사通玄寺 거璩 법사의 제자가 되었다.

수나라 양제가 번국蕃國[41]에 있을 때는 스님을 깊이 공경하고 특별한 예우를 하였다. 당나라가 천하를 통일하자, 스님은 무구산사武丘山寺로 돌아와 강의하고 염불하며 남는 시간에는 항상 『법화경』의 보현참법普賢懺法 등[42]을 행하였다. 또 『법화경』을 3천 번이나 외워서 명부冥府가 감응할 정도였으니, 신이한 상서가 한두 번이 아니었다. 밤에 향로에 향을 피우지 않았는데도 저절로 향 연기가 피어오르거나, 저녁에 물통이 비기라도 하면 몰래 물이 더해져 넘치기도 하였다. 정관 8년(634)에 나이 71세가 되어 입적하였는데, 그동안 30여 차례나 『법화경』을 강설하였다.

【『홍찬법화전』 권3】

爐香不爇[1)]而自熏
釋智琰。俗性朱氏。吳郡人也。祖獻。梁散騎侍郎。父珉。陳奉朝。請母張氏。八歲出家。事通玄寺璩法師爲弟子。隋煬帝在蕃。深如禮異。至大唐統宇。還歸武丘山寺。講念之餘。常行法華普賢等懺。又誦法華三千餘徧。感應冥符。神瑞非一。宵爐未爇。自起煙芬。夕灌纔空。潛加溢水。貞觀八年卒。春

---

41 번국蕃國 : 중국 황제가 파견한 제후들이 통치하던 나라를 말한다.
42 원문 '普賢等懺'은 보현도량普賢道場 또는 보현참법菩賢懺法法을 말한다. 『법화경』 「보현보살권발품」 권28의 내용에 의거한 것으로 천태 지의의 『법화삼매참의法華三昧懺儀』에 수행법이 자세하게 설해져 있다.

秋七十一。凡講法華三十餘徧。出弘贊第三。

1) ㉮ '勢'이 을본에는 '熱'로 되어 있다.

6. 눈을 잃고도 도리어 잘 보다

청신사 왕범행王梵行은 낭야현瑯琊縣 임기臨沂 사람이다. 어려서 양쪽 눈을 다 잃었는데, 그의 어머니가 자비로운 마음에 구두로 『법화경』을 가르쳐 주었다.

그의 나이 열세 살이 되어 『법화경』 한 부를 통달하고 밤낮 없이 외워 익혀서 마음을 전일하게 하는 데 이르렀다. 1만 7천 번을 독송하니, 비록 눈으로 보지 못하지만 길을 갈 때도 앞에서 인도해 줄 필요가 없게 되었고, 길 가운데 구덩이가 있는 것도 스스로 알았으며, 능히 방석을 짜고 옷을 꿰매고 편지를 쓰기를 오히려 눈 성한 사람보다 더 잘하였다. 그래서 사람들은 그가 특별히 신통을 얻은 것이 아닌가 하였다.

개황開皇 6년(586) 나이 71세로 명을 마치자 시체를 들판에 내다 놓으니, 새와 짐승이 감히 가까이 가지 못하였다. 살이 다 허물어 없어져서 오직 백골만 남자 혀가 입 밖으로 나온 것이 길이가 한 자쯤 되었는데, 그 색깔이 마치 연꽃과 같았다.

그의 아우 혜의慧義가 벽돌로 함을 쌓아서 그 속에 넣어 두었는데 오래도록 썩지 않았다.

【『홍찬법화전』 권7】

瞽叟無目而能覩

淸信士王梵行。瑯琊臨沂人也。少失兩眼。其母慈念。口授法華。至年十三。一部通利。仍晝夜誦習。憑心專到。誦得一萬七千遍。雖目無覩。而行來不須前導。自識坑坎。能織席簞縫衣。書䟽勝有眼。人人咸疑其別有所得。年七十一。開皇六年。終屍陁草野。鳥獸不敢近。肉既消盡。唯餘白骨。舌方出口。長一尺餘。色如蓮華。其弟慧義。以塼函盛之。久而不爛。【出

弘贊第七】[1)
---
1) ㉮ '出弘贊第七'이 을본에는 없다.

제4단 인연주[43] 「화성유품」

1. 날짐승도 『법화경』을 듣고 인간으로 태어나다

동진東晋 때 법지法志라는 스님이 있었다. 그는 여항산餘杭山에 암자를 짓고 아침저녁으로 『법화경』을 외워서 잠시도 게을리 하지 않았다.

이때 암자 옆에 둥우리를 치고 있던 꿩 한 마리가 스님의 경 외우는 소리가 들리면 곧 날아와서 스님 옆에 앉는데, 마치 모시고 서서 경을 듣는 것 같았다.

이와 같이 7년을 지냈다. 하루는 꿩이 매우 초췌한 모습으로 오니, 스님이 어루만지며 말하였다.

"너는 비록 날짐승이지만 경을 잘 들었으니 업의 몸을 벗고서 반드시 사람으로 태어날 것이다."

다음날 아침 갑자기 꿩이 떨어져 죽어 있기에 묻어 주었다.

그날 밤 스님이 언뜻 잠이 들어 꿈을 꾸니, 한 어린아이가 나타나서 두 번 절하고 말하였다.

"저는 전에 스님 곁에 있던 꿩입니다. 스님이 경 외우시는 것을 들은 인연으로 지금 산 앞의 왕씨 집 아들로 태어났습니다. 오른쪽 겨드랑이 아래에 꿩의 솜털 같은 것이 나와 있으니 확인할 수 있습니다."

이튿날 아침 법지 스님이 그 집을 찾아가 물어보았더니, 과연 왕씨 집에서 아들을 낳아 재를 올리고 있었다. 스님이 막 문 안에 들어서자마자, 이 아들이 갑자기 말하였다.

"우리 스님(和尙) 오신다."

---

[43] 인연주 : 삼주설법의 세 번째에 해당한다. 상권 각주 24 '법설주' 참조.

모두들 기이하게 생각하고 아이를 데려다 법지 스님에게 보였다. 스님이 아이를 어루만지면서 말하였다.

"이 아이는 나를 찾아오던 꿩이었습니다."

이윽고 옷을 벗겨 자세히 살펴보니, 과연 겨드랑이 아래에 꿩의 솜털이 세 줄로 나 있었다.

아이가 일곱 살이 되자 출가하겠다고 하여 부모가 허락하니, 산으로 들어가 열여섯 살에 머리를 깎았다. 겨드랑이 밑에 솜털이 있으므로 이름을 담익曇翼이라 하였는데, 『법화경』을 주자 한 자도 빠뜨리지 않고 외웠다. 스님이 되자 곳곳으로 돌아다니면서 도를 물어 종승宗乘[44]을 깨달아 대변재大辯才[45]를 얻었다.

동으로 회계會稽(강소성과 절강성에 걸쳐 있음) 지방을 돌아다니다 진망산秦望山에 이르렀다. 이 산에 주석할 셈으로 그는 돌을 깨고 띠를 떠서 암자를 짓고 오로지 『법화경』만 외우기를 열두 해(一紀)나 계속했다.

하루는 날이 저물어 땅거미가 질 무렵에 몸에 화려한 옷을 입고 손에 흰 돼지 한 마리와 마늘 두 통이 들어 있는 대바구니를 든 한 여인이 스님 앞에 나타나 울면서 말했다.

"저는 산 앞마을 아무개 딸인데 산에 들어와서 고사리를 뜯다가 사나운 호랑이를 만나 여기까지 쫓겨 왔습니다. 날도 이미 저물고 나무가 우거져서 이리와 승냥이가 마구 날뛰니 집으로 돌아가다가는 살아날 도리가 없으니, 어떻게 하룻밤 묵어 갈 수 없겠습니까?"

스님이 쓸데없는 의심을 받을 것이라고 하여 완강히 거절하고 들어주지 않자, 여인이 비 오듯이 눈물을 흘리면서 애절하게 울었다. 그러자 스님은 하는 수 없이 허락했다. 스님은 건초로 만든 침상을 여인에게 내어

---

44 종승宗乘 : 각 종宗에서 널리 펴고자 하는 궁극적 가르침과 교전敎典을 말한다.
45 대변재大辯才 : 설법하는 솜씨가 막힘이 없이 자재自在한 것을 일컫는다.

주고는 곧 돌아앉아서 경을 읽기 시작했다.

3경更(밤 11시~새벽 1시)쯤 되니, 여자가 배가 아프다고 신음소리를 내었다. 스님은 이를 보고 약을 주었다. 그러나 여인은 그래도 배가 아프다고 더욱 외쳐대면서 계속 소리쳤다.

"스님께서 제 배를 좀 문질러 주시면 아픈 것이 나을 것 같아요. 그렇지 않으면 저는 곧 죽습니다. 부처님 법은 자비와 방편을 근본으로 삼는다는데, 스님은 가만히 앉아서 손 하나 까딱하지 않고 도움 청하는 것을 보고만 계십니까?"

스님이 말하였다.

"나는 대계大戒[46]를 받은 승려이니, 어찌 여인의 몸을 만지겠는가?"

그러나 여인의 애절하고 간곡한 청을 끝내 물리칠 수가 없어서 석장의 앞머리를 수건으로 싸서 멀찍감치 앉아 여인의 배를 문질러 주니, 잠시 후에 여인이, "이제 괜찮아졌습니다." 하고 이내 잠이 들었다.

이튿날 새벽 여인이 정원에 나서는 순간, 채색 옷은 상서로운 구름으로 변하고, 돼지는 흰 코끼리로, 마늘은 두 송이 연꽃으로 변하였다. 여인은 연꽃을 밟고 코끼리 위에 올라앉아 구름을 타고 허공으로 올라가면서 말하였다.

"나는 보현보살이다. 그대는 오래지 않아 나의 회상에 돌아올 것이니, 특별히 와서 그대를 시험해 본 것이다. 그대의 마음을 살펴보니, 마치 물 속의 달과 같아 더럽혀지지 않는구나."

말을 마치자, 표연히 멀어져 갔다. 이때 하늘에서 하늘 꽃이 비 오듯 내리고 땅이 크게 진동하였다. 이날 태수 맹공의孟公顗가 새벽에 일어나 홀연히 남쪽을 보니 상서로운 구름이 어려 있었고, 빛이 뜰을 비추는데 구

---

46 대계 : 구족계具足戒를 말한다. 출가자가 받아 지킬 계법戒法으로 비구는 250계, 비구니는 348계가 있다. 9계·10계에 상대하여 '대大'라는 말을 붙였다. 혹은 대승계大乘戒를 말하기도 한다.

름 아래에서 음악소리가 은은히 들려왔다. 너무도 신기하여 음악이 들려오는 곳을 찾아가 스님을 만나 보현보살이 교화를 보이고 가는 것임을 알았다. 그래서 태수는 곧 이 사실과 스님의 도행道行을 나라에 보고하였다. 조정에서 듣고는 칙명을 내려 그 자리에 절을 짓고, 절 이름을 '법화사法華寺'라 하였다. 이때가 진晉나라 안제安帝 의희義熙 13년(417)이었다.

【『현응록』, 『법화사비法華寺碑』】

羽族慣聞而便脫業軀

東晉時。有僧法志。結庵餘杭山。誦法華經。朝夕不懈。有雉巢于菴之側。每聞誦經聲。則翔集于座旁。若侍立聽受狀。如是者七年。一日憔悴。師撫之曰。汝雖羽族而能聽經。苟脫業軀。必生人道。明旦遽殞。即瘞[1]之。及夜方假寐[2]夢童子再拜曰。我即雉也。因聽師誦經。今生于山前王氏家爲男子。右腋猶有雉毳可驗。僧詰朝至其家問之。果然王氏。一日設齋。志方踵門。此子遽然曰。我和尙來也。擧衆異之。携以示志。志撫之曰。此我雉兒耳。遂解衣周視。其腋下。果有雉毳三莖。至七歲。宜聽出家。父母唯之。至時入山。十六落髮。以腋有毳。命名曇翼。授與蓮經。不遺一字。旣爲僧已。隨方問道。了悟宗乘得大辯才。東遊會稽。因抵[3]秦望山。遂伐石誅茅。爲住山計。專誦法華。僅于一紀。一日將曛。有一女子。身被彩服。手携筠籠。內有白豕一隻。大蒜兩根。立於師前。泣而言曰。妾山前某氏女。入山採薇。路逢猛虎奔。遁至此。日已夕。草木陰翳。豺[4]狼縱橫。歸無生理。敢託一宿可乎。師稱嫌疑。堅却不從。女子雨淚哀鳴。師不得已。讓以草床即蒙頂。誦經至子[5]三更。號呼疾作。稱腹疼痛。覘[6]師視之。師投以藥。女子痛益甚。叫不絶聲曰。倘得師爲我案摩臍腹間。庶得小安。不然即死。佛法以慈悲方便爲本。師忍坐觀。不一引手。見救耶。師曰吾大戒僧。摩挲女身。此何理也。懇求之切。即以巾布。裹錫杖頭。遙以案摩。斯須告云。已瘥矣。翌晨女出庭際。以彩服化祥雲。豕變白象。蒜化雙蓮。女子足躡蓮華。跨象乘雲。

而謂曰。我普賢菩薩也。以汝不久。當歸我衆。特來相試。觀汝心中如水中月。不可汙染。言訖縹緲而去。爾時天上雨花。地皆振動。是日大[7]守孟公覬方晨起。忽見南方。祥雲氤氳。光射庭際。而雲下隱有金石絲竹之音。訪問得師普賢示化狀。遂倂師之道行。聞于朝廷。即奉勅建寺。額號法華。時晉安帝義熙十三年也。【出現應錄及法華寺碑】

---

1) ㉑ '瘞'가 을본에는 '埋'로 되어 있다. 2) ㉓ '寐'는 을본과 『현응록』에 의거하면 '寐'의 오기인 듯하다. 3) ㉑ '抵'가 을본에는 '至'로 되어 있다. 4) ㉑ '豺'가 을본에는 '犲'로 되어 있다. 5) ㉑ '子'가 갑본과 을본에는 '于'로 되어 있다. 6) ㉑ '覬'가 을본에는 '顗'로 되어 있다. 이하 동일. 7) ㉑ '大'가 을본에는 '太'로 되어 있다.

2. 비구가 경을 외워 귀신의 난을 면하다

옛날 외국의 어느 산사에 젊은 비구가 매일 『법화경』을 독송하면서 살고 있었다.

어느 날 절 밖으로 경행經行[47]을 하다가 자태가 빼어나게 아름다운 부인으로 변한 나찰녀 귀신을 만났다. 비구에게 다가와서 갖은 교태를 부리자 그만 유혹에 넘어가 드디어 정을 통하게 되었다.

정을 통한 후에 그는 정신이 황홀해지면서 아무것도 깨닫지 못하게 되었다. 귀신은 자기 처소로 데려가 잡아먹으려고 그를 업고서 공중으로 날아갔다.

밤이 되어 어느 절 위를 날아가는데 귀신의 등 위에 있던 비구의 귀에 절에서 외우는 『법화경』 소리가 들렸다. 이에 비구는 조금씩 정신이 들면서 이미 자신이 익혔던 『법화경』이 기억나서 이내 마음속으로 그것을 암송하였다. 귀신은 곧 무거운 것을 느끼고 점점 땅으로 내려가더니 더 이상 어찌할 수가 없었던지 비구를 놓아주고 가 버렸다. 잠시 후 비구는 잠이 깨어 종소리가 들려오는 것을 듣고서 그 종소리 나는 곳을 찾아 절에 이르렀다. 문을 두드리고는 나아가 사건의 전말을 자세히 말하였다. 알고 보니 그곳은 고향에서 2천여 리나 날아온 곳이었다.

그러나 그 절의 스님들은, "이 사람은 중한 계율을 범하였으니 같이 있도록 할 수 없다."라고 거절하였다. 그런데 한 상좌가 말하였다.

"그것은 귀신에 유혹되어 행한 것이지 자기의 본심은 아닙니다. 또 이미 그로부터 벗어났으며, 『법화경』의 위력까지 드날렸으니, 가히 절에 머

---

[47] 경행 : 행도行道나 좌선坐禪 중에 졸음이 오거나 몸에 병의 기운이 있을 때 일정한 장소를 조용히 거니는 것.

물러 참회하도록 하는 것이 옳습니다."

그리하여 머물게 되었는데, 비구는 후에 고향에 갈 기회를 만나 고향으로 보내졌다.

【『홍찬법화전』 권6】

比丘暗誦而得離鬼難

昔外國山寺。有年少比丘。每誦法華。嘗於寺外經行。遇羅刹女鬼。變爲婦人。甚好姿首。來嬈比丘。比丘被惑。遂與之通。通後精神怳忽無所覺。鬼負之飛行。欲還本處。規規將噉。於夜前分。從一伽藍上過。比丘在鬼上。聞伽藍中有誦法華經聲。因即少惺。憶已所習。乃心暗誦之。鬼便覺重。漸漸近地。遂不能勝。弃之而去。比丘少時醒寤。聞有鐘聲。尋聲到寺。扣門求進。具陳本末。然計去其鄉。已二千餘里。諸僧云。此人犯重。不可同止。有一上座云。此鬼神所惑。非是自心。旣脫免。現經威力。可留住寺。令其懺悔。後遇彼鄉。信乃發遣之。【出弘贊第六】

3. 전생에 사제지간이었음을 깨닫다

담제曇諦 스님은 그 조상이 강거康居 사람으로 후에 오흥吳興으로 이사와 살았다. 스님의 어머니 황씨黃氏가 하루는 낮에 잠이 들었는데 꿈에 한 스님이 황씨를 부르기를 어머니라고 하고, 불자(麈尾)[48] 하나와 쇠로 만든 서진書鎭[49]을 주었다. 황씨가 잠에서 깨어 보니 그 두 가지가 모두 들려 있었다. 신이한 일이라 여기고 혼자 비밀로 하고 있었는데, 그때부터 임신을 하여 담제를 낳았다.

담제가 다섯 살이 되어 어머니가 불자(麈尾) 등을 장난감으로 보여 주었더니, 담제가 말하였다.

"그것은 진왕秦王이 제게 준 것입니다."

어머니가 다시 물었다.

"너는 이것을 어느 곳에 두었었느냐?"

담제가 대답하였다.

"생각나지 않습니다."

열 살이 되자 출가하여 스승에게서 배우지 않고도 스스로 힘써서 깨달음이 크게 열렸다. 뒤에 아버지를 따라 번등樊鄧에 갔다가 관중關中의 승략僧䂮[50] 도인을 만나자, 갑자기 승략 도인을 불렀다.

---

48 주미麈尾 : 법요法要를 전할 때 사용하는 법구. 곧 불자拂子를 말한다. 주미란 고라니의 꼬리로서, 먼지가 잘 털린다 하여 털이개로 만드는데, 불교에서는 불자拂子로 사용한다.

49 서진書鎭 : 책장이나 종이가 날아가지 않도록 눌러 놓는 물건. 무거운 납 등으로 만든다. 문진文鎭이라고도 한다.

50 승략僧䂮 : 승략僧略이라고도 한다. 요진 승려로 속성이 전씨傳氏이고, 어려서 출가하여 홍각弘覺 대사를 스승으로 섬겼다. 삼장三藏과 육경六經에 박통하고 계행이 청정하였다. 한때 도안道安의 역경을 돕기도 했다. 홍각 대사가 요장에게 『법화경』을 강의할 때 도강을 맡았고, 요장姚萇·요흥姚興이 그 덕을 흠모할 정도였다고 한다.

승략이 말하였다.

"동자는 어찌 나(宿士)의 이름을 부르는가?"

담제가 말하였다.

"그대(阿上)는 본시 나의 사미였습니다. 당신은 전에 대중 스님들을 위해 나물을 뜯다가 멧돼지에게 물려 기절했는데, 어찌 지금까지 그것을 잊어버리고 있었습니까?"

그런데 승략은 전에 홍각弘覺 법사의 제자로 있을 때, 스님들을 위해 나물을 뜯으러 갔다가 멧돼지에게 물린 적이 있었다. 처음에는 이 사실을 기억하지 못하여 곧 담제의 아버지에게 사정을 물었다. 담제의 아버지가 담제가 태어날 때의 이야기를 자세히 말해 주고 아울러 서진과 불자 등을 보여 주자 그제야 사실을 깨닫고 울면서 말하였다.

"저의 스승은 홍각 법사였습니다. 스님께서 전에 진나라 임금(秦主) 요장姚萇에게 『법화경』을 강설하실 때 소승은 도강都講[51]이었고, 요장이 스님께 두 가지 물건을 드렸었는데, 지금 여기에 있는 것들입니다."

날짜를 계산해 보니 홍각 법사가 돌아가신 날이 바로 황씨 부인이 꿈에 물건을 받은 날이었다. 그는 다시 나물 캐던 일 등을 생각하고는 더욱더 슬퍼하였다.

담제 스님은 그 뒤 국내외를 유학했는데, 눈에 스치는 것을 모두 기억하는 총명이 있었다. 『법화경』・『대품반야경』・『유마경』 등을 각각 열다섯 번씩 강의하고 송나라 원가元嘉 말년(453)에 입적하였다.[52]

비장방費長房[53]이 말하였다.

---

51 도강都講 : 강회講會를 맡아서 주재하는 사람을 말한다.
52 『고승전高僧傳』 권7(T50, 371a)과 『홍찬법화전』 권2(T51, 17a)에서는 입적 당시 춘추가 60세가량이었다고 한다.
53 비장방費長房 : 중국 성도成都 출신으로 대흥선사大興善寺에서 역경譯經을 하였다. 위의 시는 『홍찬법화전』 권2(T51, 17a)에서 일부만 발췌한 것이다.

홍각 법사와 제자 승략 스님은

훌륭한 사제로 두 진나라에 명성이 높았네.

10물十物 삼의三衣[54]에 또다시 한정하리오.

오직 서진書鎭과 불자(麈尾)만을 품안에 간직하고

식신識身을 바꾸어 다시 태어날 때에

이 두 물건으로 인해 드디어 서로가 만났네.

【『홍찬법화전』 권2,『고승전』】

感悟前生之師弟

釋曇諦者。其先康居人也。後移吳興。諦母黃氏晝眠。夢見一僧呼黃爲母。寄一麈尾。幷鐵鏤書鎭。黃旣眼覺。見二物具存。私密異之。因而懷孕生諦。諦年五歲。母以麈尾等。弄示之。諦曰秦王所餉。母曰汝置何處。答曰不憶。至年十歲出家。學不從師。悟自天發。後隨父之樊鄧。遇見關中僧䂮道人。忽然喚䂮。䂮曰童子何以呼宿士名。諦曰阿上本是諦沙彌。汝曾爲衆僧採菜。被野猪所傷。不覺失聲耳。今何忘耶。然僧䂮。經爲弘覺法師弟子。爲僧採菜。被野猪所傷。䂮初不憶此。乃詣諦父。諦父具說諦。生本末。幷示書鎭麈尾等。䂮乃悟而泣曰。即䂮先師弘覺法師也。而師經爲秦主姚萇。講法華。貧道爲都講。姚萇餉師二物。今遂在此耳。追計弘覺捨命。正是寄物之日。復憶採菜之事。彌增悲悼。諦遊學內外。過目斯[1)]記。講法華大品維摩。各十五遍。終於宋元嘉末年。費長房曰。弘覺法師弟子僧䂮。師徒匠導。[2)] 名重二秦。什物三衣。亦復何限。唯書鎭麈尾。保惜在懷。及移識托生。此之二物。遂得同往。【出弘贊第二

---

54 10十物 삼의三衣 : 출가자의 일상생활에 필요한 도구들을 말한다. 즉 승가의僧伽衣(가사)·울다라승鬱多羅僧(윗옷)·안타회安陀會(속옷)의 삼의와 발우鉢盂·좌구坐具·삭도削刀·칼(刀子)·물 거르는 주머니(漉水袋)·발우 싸는 보자기(鉢袋)·약품통(針筒) 등인데, 10물과 삼의를 따로 보는 경우도 있다.

本出高僧傳】

1) ㉔ '斯'가 을본에는 '則'으로 되어 있다. 2) ㉔ '導'가 을본에는 '道'로 되어 있다.

4. 전생 부모와 현생 부모를 모두 만나다

신라에 김과의金果毅라는 사람이 아들을 낳았는데, 어려서 출가하여 『법화경』을 즐겨 독송하였다. 제2권에 이르렀을 때 그만 실수로 글자 한 자를 태웠다. 18세에 갑자기 죽어서 다른 곳에 태어났는데, 그 부모도 역시 김과의金果毅였다. 이곳에서도 출가하여 『법화경』 독송하기를 좋아하였는데, 제2권에 이르러 매번 어느 한 글자를 듣는 대로 잊어버리는 것이었다.

그러다가 어느 날 밤 꿈에 한 사람이 나타나 말하였다.

"어린 스님은 전생에 아무 마을 김과의의 집에 태어나 출가하여 『법화경』을 독송하다가 실수로 한 글자를 태워 버렸으므로 이생에서는 물어서 알았다가도 다시 잊어버리는 것입니다. 그 옛날의 『법화경』이 현존하고 있으니, 그곳에 가서 직접 살펴보십시오."

어린 스님이 꿈에 일러 준 대로 찾아가 보았더니 과연 그 집이 있었고, 들어가서 물어보니 전생의 부모임이 거의 확실하였다. 다시 옛 『법화경』을 찾아내어 제2권을 살펴보니 정말로 한 글자가 타고 없었다.

어린 스님과 전생의 부모는 슬프고도 기쁜 마음을 서로 나누었다. 이후로 이 두 집은 서로 친해져서 네 집 내 집 없이 한 집안같이 되었다. 이 사실이 마을에 알려지고 마을에서 나라에 보고하여 온 나라에 회자되었다. (이것은) 당나라 정관(623~649) 때의 일이다.

【『홍찬법화전』 권9】

通交二世之爺孃

新羅國 有金果毅。生一男子。從少出家。樂讀法華經。至第二卷。誤燒一字。年十八。忽從天喪。還¹⁾生別處金果毅家。又得出家。即徧愛²⁾讀法華經。

至第二卷。每於一字。隨問³⁾隨忘。夢有人云。小師前生。向某鄕金果毅家生。亦得出家。在彼生時。讀誦法華。誤燒一字。是以今生隨得隨忘。彼舊經現存。往彼自看。此小師。依夢向彼尋覓。果得其家。借問投宿前生。父母依俙。欲識尋訪舊經。乃見第二。實燒一字。小師及前父母。悲喜交幷。二家遂爲親好。彼此無二。當即言及州縣。州縣奏聞。擧國傳詠。即貞觀時也。【出弘贊第九】

---

1) ㉮ '還'이 을본에는 '邊'이라고 되어 있다. 2) ㉮ '愛'가 을본에는 '受'라고 되어 있다. 3) ㉯ '問'을 맥락상 '聞'으로 번역하였다. '隨問隨忘'은 '묻는 대로 잊어버린다'라는 뜻이지만, 다음에 나오는 '隨得隨忘'의 표현을 참고하면 '듣는 대로(隨聞) 잊어버린다'로 번역하는 것이 자연스럽기 때문이다.

제5단 「오백제자수기품」·「수학무학인기품」

1. 들꿩이 홀연히 몸을 바꾸다

스님의 이름은 도생道生으로 호구사虎丘寺에 들어가 몸을 숨기고 살았는데, 그가 강설하던 바위(講臺石)가 지금도 그대로 남아 있다.

어느 때 못의 둑 가운데에서 『법화경』을 외우면 항상 어디선가 꿩 한 마리가 와서 경을 들었다. 그런데 하루는 그 꿩이 보이지 않아 웬일인가 걱정이 되었는데, 밤이 되자 꿈에 그 꿩이 나타나 말하였다.

"저는 스님께서 『법화경』 외우시는 것을 들은 공덕으로 마침내 몸을 바꾸는 과보를 얻어서 지금 아무개의 아들로 태어났습니다. 몇 해가 지나면 다시 와서 스님을 모시겠습니다."

스님이 알아보았더니 과연 꿈과 같았다. 그 아이는 자라서 출가하였는데, 아무런 병도 없이 어린 동자의 나이로 숨을 거두어 숲속에 묻어 주었다.

어느 날 저녁 별안간 그 무덤에서 휘황한 빛이 나와 둘레를 환히 비추므로 마을 사람들이 이상하게 생각하고 그곳을 파보았더니 혀만 남아 있고, 혀에서 푸른 연꽃이 나 있었다.

그 인연으로 여기에 탑을 세웠다가 훗날 절로 만들었는데, 지금의 반당사半塘寺가 바로 그곳이다.

【『현응록』상의 1】

野雉忽爾轉身

師諱道生。遁蹟虎丘寺。有講臺石。至今存焉。一時居半塘。誦法華經。忽有一雉。常來聽受。一日不見。師念之。夜入夢云。某因聽經。遂獲改報。今

在某家爲兒子。待過數年。却來奉事。泊師詢之果爾 及出家。無何童子之
年便命終。因瘞于林。一夕俄而放光。輝照塘塢。鄉人異之啓看。乃獲一舌
生靑蓮華。因是起塔。後葺成寺。卽今半塘寺是也。【出現應錄上之一】

2. 염라대왕이 공경하며 기뻐하다

혜도慧度 스님은 오흥吳興 사람이다. 스님은 평생을 채식만 하고 오랫동안 재계하면서 항상 『법화경』을 외웠는데, 갑자기 병이 들어 죽었다가 닷새 만에 다시 살아나서 스스로 말하였다.

"내가 염라대왕을 보니, 의관 치장이 지금의 임금과 같고, 모시고 위호하는 이들도 또한 그러하였습니다. 처음은 온화한 태도로 죄인을 다스리다가, 문득 크게 노하면 수염으로 덮인 얼굴이 이상하게 움직입니다. 대왕이 내게 묻기를, '그대는 어떤 업을 지었느냐?'라고 하기에, '『법화경』을 읽었습니다'라고 대답했더니, 대왕이 삼가 공경하여(聳然) 손가락을 퉁기며 금으로 된 상을 내어 오라 하여 나에게 내어 주며 앉아서 『법화경』을 외워 보라고 청하였습니다. 내가 한 편을 다 외우자, 대왕이 말하기를, '이 공덕은 불가사의합니다. 법사의 수명이 아직 다하지 않은 것도 이 경의 힘인데, 이제 다시 24년(二紀)을 더 연장해 드리겠습니다'라고 하였습니다."

그 후 과연 스님은 24년을 더 살고 진陳나라 문제文帝 천가天嘉 때에 입적하였으니, 나이 70여 살이었다.

【『홍찬법화전』 권6】

閻王聳然彈指

釋慧度。吳興人也。菜食長齋。誦法華經。忽染疾暴亡。[1] 五日還活自說。見閻羅王。服遠遊冠衣纓。如今王者。侍衛亦然。始時儀容溫雅。亦判罪人事。便大瞋怒。鬚面動異。問度有何業。答誦法華經。王聳然彈指。召出金床。與度坐請誦。一徧究竟。王曰此功德。不可思議。法師年壽未盡。亦以經力扶持。更延二紀。後果得二十四年。陳文帝元[2]嘉時亡。春秋七十餘。【出弘贊

第六]

1) ㉑ '亡'이 갑본에는 '王'으로 되어 있다 2) ㉢ '元'은 '天'의 오기인 듯하다. '원가元嘉'는 남북조시대 송宋나라 문제文帝 때의 연호(424~453)이며, 진陳 문제의 연호는 '천가天嘉(560~566)'이다.

3. 잘 익은 우유(融酥)가 항상 그릇 속에 가득 담겨 있다

지장智藏 스님은 하주夏州(陝西省) 사람이다. 어려서 출가하여 대흥선사大興善寺에 머물면서 천 번을 목표로 날마다 『법화경』을 독송하던 중 (정진이 지나쳐) 심장이 아팠고 피를 토하였다. 며칠을 계속하니 이 절의 스님 계모季謨가 지장 스님께 말했다.

"전하는 방문에 의하면 심장이 아플 때는 오줌에 밀가루를 개어 미음을 만들어 먹으면 차도가 있다고 합니다."

그러나 지장 스님은 말하였다.

"『법화경』을 천 번 외우기로 맹세했는데, 그 뜻을 이루기 전에 더러운 물건을 먹어 그 기운이 경전에 배게 할 수는 없습니다. 그것이 비록 약이 된다고 하더라도 결국은 마음 먹어 온 뜻에 어긋나는 일입니다."

그리고는 물을 뿌려 마당을 깨끗이 청소한 다음, 『법화경』을 책상 위에 놓고서 향을 피우고 주위를 돌고 예배하며 정성을 다해 기원하였다.

이날 밤 비몽사몽간에 갑자기 한 범승梵僧이 나타나 물을 가져다가 밀가루를 개어 미음을 만들어 지장 스님에게 주면서 먹으라고 권하였다.

지장 스님이 절반도 먹지 않아 갑자기 정신이 맑아지고 보통 때보다 힘이 배나 더 솟아나서 다시 『법화경』 독송을 계속하였다.

정관 9년(635)에 하주夏州 스님 석石 법사가, 지장 스님이 『법화경』을 외우고 있다는 말을 듣고 소유酥油[55] 세 근을 바쳐 공양에 쓰라고 하였다.

지장 스님이 그 소유를 한 그릇에 담아 놓고, 첫날에는 구리 수저로 가운데를 복숭아만큼 퍼냈는데, 다음날 다시 꺼내려고 보니, 본래 모습 그

---

55 원문에는 '酥'로만 되어 있어 어떤 음식인지 확실치 않다. 소유酥油는 우유에서 정제한 기름으로 먹거나 바르며, 소밀酥蜜은 타락(酪)과 꿀을 가리킨다.

대로 잘 익은 우유(融酥)가 채워져 있었다. 여름부터 가을까지 매일 꺼내도 이와 같이 항상 가득해졌다. 지장 스님은 제호醍醐[56]가 저절로 나오는 것임을 비로소 깨닫고 혼자서 마음속으로 크게 기뻐하였다. 8월이 되어 스님은 이 소유를 같은 절에 머무는 영향 선사靈響禪師[57]에게도 나누어 드리며 그 사실을 이야기하였다.

또 항상 기이한 향내가 나고 손가락을 퉁기는 소리가 들리기도 하고, 자주 어떤 사람이 스님을 불러서 일어나도록 하니, 그리하여 스님은 이리저리 『법화경』을 독송한 것이 모두 1만 여 번이었다.

스님은 당나라 의봉儀鳳 3년(678)에 나이 88세로 정영사淨影寺에서 입적하였는데, 지계는 구족하여 어그러짐이 없었으나 깊은 깨달음을 얻지 못한 것을 식자識者들은 아쉬워하였다.

【『홍찬법화전』 권8】

融酥滿器

釋智藏。夏州人也。年少出家。住大興善寺。每誦法華經。以千徧爲限。當損心吐血。經數日。寺僧季謨告藏曰。傳聞損心用小便。和麵作漿。服之即差。藏云誓於千徧之內。不以穢物熏經。此雖爲藥。終乖宿志。及[1)]洒掃庭除。奉經置案。燒香旋繞。禮拜祈[2)]誠。尒夜忽如睡夢。見一梵僧與藏。取水和麵作漿。授之令服。藏飲之未牛。欻然即悟。乃心力倍常。還遵舊貫。貞觀九。有夏州僧石法師。聞藏誦經。奉酥三斤。以充供養。藏盛以一器。初日以銅匙。取中心楪[3)]許。明日更取。乃見舊處。融酥凝滿。從夏至秋。日取

---

56 제호醍醐 : 경전에서는 우유가 발효되는 과정을 '유乳·낙酪·생소生酥·숙소熟酥·제호'의 5단계로 말하며, 이것으로써 법法에 비유하는 경우가 많다. 그중 제호는 우유가 가장 잘 발효된 상태로서 최상의 맛, 최상의 법, 가장 진실한 가르침 등을 상징한다.
57 영향 선사靈響禪師 : 『홍찬법화전』 권8(T51, 39b)에는 '영경음 선사靈卿音禪師'로 되어 있다. 그러나 바로 뒤의 구절에서 마찬가지로 '위향설지爲響說之'라고 하였으므로, 『홍찬법화전』의 '영경음靈卿音'은 영향靈響의 오기誤記로 보인다.

如故。藏私心慶悅。始悟醍醐自出。到八月。分此舊酥。與同寺僧靈響禪師。爲響說之。又每聞異香及彈指之響。屢爲幽人。喚之令起。而前後所誦。一萬餘徧。儀鳳三年。年八十八。終於淨影寺焉。但以戒足少虧。不獲深悟。識者恨之。【出弘贊第八】

1) ㉮ '及'이 을본에는 '乃'로 되어 있다.   2) ㉮ '祈'가 갑본에는 '析'으로 되어 있다.
3) ㉮ '楪'은 을본에 '桃'로 되어 있다.

4. 호위병이 정원에 가득하다

　승영僧映 스님은 어려서 출가하여 강양현江陽縣(四川省) 영제사永齊寺에 머물며 나이가 들어 늙도록『법화경』을 외웠다. 외우고 익히기를 끊이지 않자, 옆방의 한 법사가 승영 스님이 큰 소리를 내어 경을 외우는 것을 항상 미워하여 자신이 조용히 책을 읽는 데 피해를 준다며 건사騫師[58]에게 못하게 해 달라고 청했다.

　어느 날 초저녁달이 휘영청 밝은데 승영 스님은 항상 하듯이『법화경』을 외웠다. 건사가 가서 그치도록 말하려고 방문을 열고 나와 보니, 승영 스님의 방 앞에 갑옷과 투구를 쓰고 활과 막대기를 든 수천 명의 군사가 팔짱을 끼고 꿇어앉아 열심히 경 읽는 소리를 듣고 있었다. 건사는 급히 자기의 방으로 되돌아오고 말았다. 이튿날 건사는 그 법사에게 어제 저녁 본 일을 이야기하고 함께 승영 스님에게로 가서 미워하고 원망한 죄를 참회하였다.

　승영 스님은 평소에도 어디를 왕래할 때면 언제나 앞뒤에서 갑옷과 무기들이 부딪치는 소리가 들렸다고 한다. 스님은 개황開皇 연중(581~600)에 이 영제사에서 입적하였다.

【『홍찬법화전』권7】

兵衛盈庭

釋僧映。少出家。住江陽永齊寺。誦法華經。至于年老。誦習無輟。與 法師竝房。法師意常嫌誦經聲高。妨癈看讀。請騫師諫之。介日初夜月朗。僧

---

58 건사騫師 : 사중寺衆의 일체 생활제도인 '건도犍度(khandhaka)'를 담당하는 스님을 일컫는 말인 듯하다.

映依常誦經。騫師欲往諫止。開戶望。見映房前有數千人。身著甲鎧。持弓帶仗。叉手胡跪。以聽誦經。騫師卽退歸房。明日俻向此法師。述昨宵所見。共往懺悔嫌恨之罪。映凡常行往。恒聞前後有甲仗之聲。開皇年中。卒於寺矣。【出弘賛第七】

5. 신인이 잠을 깨우고 배를 저어 주다

보결寶玦 스님은 장효수張孝秀[59]의 아우이며, 출가하여 광산사匡山寺에 머물렀다. 항상 『법화경』을 독송하여 자재하게 통달하였으나, 말과 행동이 단정하지 못하였다. 그리하여 양나라 소릉왕邵陵王이 그를 미워하여 밤에 두 사람의 자객을 보내어 몰래 죽이도록 하였다.

이때 스님은 자리에 누워 잠이 들었는데, 갑자기 꿈에 네 사람이 나타나 침상 앞으로 와서는 스님을 손으로 흔들어 깨우며 말하였다.

"소릉왕이 사람을 보내와서 당신을 죽이려 하는데 당신은 어찌하여 태평하게 잠만 자고 있습니까?"

스님이 깜짝 놀라 일어나서 뒷문으로 뛰쳐나갔더니, 이때 이미 앞문으로 어떤 사람이 들어오는 소리가 들렸다.

스님은 황급히 집 뒤쪽으로 달려갔다. 거기에는 본래부터 못이 있었는데, 아직까지 들어가 본 적이 없어 얼마나 깊고 얕은지를 알지 못하였다. 당황하고 있는 사이에 문득 보니 배 한 척이 있고, 두 사람이 삿대를 드리워 기다리고 있었다. 보결 스님이 배에 오르니 순식간에 건너편 언덕에 가 닿았다. 곧 돌아다보니, 소릉왕이 보낸 두 사람은 못가에 다다랐으나 물이 막혀 건널 수가 없었다.

보결 스님은 이때부터 『법화경』을 독송하여 통달했다는 아만을 항복받고 말과 행동을 올바르게 단속하여 사람들의 본보기가 되었다. 당시 사람들이 여산廬山의 살계자殺契者[60]라고 부른 것이 바로 이분이었다.

【『홍찬법화전』 권6】

---

59 장효수張孝秀: 양梁나라 사람으로 경전에 정통했다고 한다.
60 살계자殺契者: 근심과 괴로움을 없앤 사람.

神人警寤[1]而進船

釋寶玦。張孝秀弟也。出家住匡山寺。誦法華經。甚得通利。而不能善攝身口。梁邵陵王嫌之。夜遣二人。密往殺玦。玦時在床臥息。忽夢見四人到床前。手搖玦云。邵陵王遣人來殺汝。汝那得安眠。玦因驚覺即起。向後開門。仍覺前戶有人入聲。心轉惶怖。出至房後本有池水。由來未經涉入。不測深淺怳忽之間。忽見一船。二人倚篙待之。玦乃上船。到彼岸竟。即見邵陵王所遣二人。已在池邊。但尋水不得過。自後折節讀誦。善能斷契。人所傚効。時人呼爲廬[2]山殺契者是也。【出弘贊第六】

1) ㉯ '寤'이 을본에는 '寐'으로 되어 있다. 2) ㉠ '廬'는 '廬'의 오기인 듯하다. 원문의 '廬山'이 『홍찬법화전』권6에는 '廬山'으로 되어 있다.(T51, 30c)

6. 천제가 경전을 맞아 액리장에 들여놓다
【정화 택주靜和宅主】

정화 택주靜和宅主는 강종 대왕康宗大王의 서녀庶女이고, 권신權臣 진강공晉康公의 아내[61]였다. 그녀는 권세는 빙산과 같아 오래가지 못할 것임을 알고, 덧없는 인생은 불난 집처럼 편안함이 없음을 한탄하면서 여기서 벗어나는 길을 닦고자 생각하고 있었다. 다행히 원묘圓妙 스님이 백련사白蓮社를 개창한다는 말을 듣고 함께 세우기를 발원하여 힘껏 외호가 되었다.[62] 또 무량수여래無量壽如來를 조성하여 주전主殿에 모셔 놓았으며, 금자 『법화경』을 조성하겠다는 서원을 세우고 온갖 물품을 하나도 부족함이 없이 갖추어 원묘 스님에게 바쳤다. 원묘 스님은 산 속에서 지내는 일여一如를 청하여 『법화경』을 베껴 쓰게 하였다. 뒤에 일여의 꿈에 신인이 하늘로부터 내려와 말하였다.

"그대가 금으로 베껴 쓴 『법화경』은 이미 도리천忉利天[63]의 둘째 액리장額梨藏에 모셔 놓았다."

【『해동전홍록』】

---

61 고려 22대 강종 대왕은, 최씨 무신집권 시절 최충헌이 희종을 폐하여 등극하였다. 이러한 이유로 왕의 서녀 정희기 최충헌에게 시집간 것으로 보인다. 신강현(강화도의 속현)은 최충헌이 희종(2년, 1206)에게서 식읍食邑으로 받았으므로 진강공이라고 하였다.
62 원묘는 최씨 일가의 귀의와 지원으로 만덕사를 개창하고, 이어 백련사 도량을 열어(고종 8년, 1221) 백련사에서 결사(고종 19년, 1232)하고, 법화삼매와 정토왕생을 구하였다. 정화 택주도 이때 불사에 시주한 것으로 보인다.
63 도리천忉利天 : 욕계 육천의 제2천이다. 삼십삼천이라고도 하며, 남섬부주의 위 8만 유순 되는 수미산 꼭대기에 있다.

天帝邀經而入藏【靜和宅主】

宅主。康宗大王之庶女。權臣晉康公之室也。知權勢氷山不久。歎浮生火宅無安。思修出要。幸聞圓妙。始開白蓮社。同願戩成。力爲外護。又塑成無量壽如來。下安于主殿。又願成金字蓮經。凡百粧嚴。無一不侚。寄獻于圓妙。妙請山人一如書寫。如後夢感神人。自空而下曰。所寫金字法華。已安忉利天第二額梨藏中。【出海東傳弘錄】

제6단 「법사품」·「견보탑품」

1. 귀신도 해치지 못하다

송나라 소흥紹興 28년(1158)에 무위군의 지사指使 이우李遇가 새로 부임해 오는 태수太守를 맞으러 성 서쪽으로 나갔다. 약 10여 리쯤 갔을 때, 갑자기 백여 명이 길옆에서 나타났다. 모두 세 살에서 다섯 살쯤 되어 보이는 아이들이었다.

아이들은 큰 소리를 지르며 달려들어 이우를 둘러싸고 공격해 왔다. 이우는 처음에는 두려워하지 않고 상대해 싸워 주먹을 한 번 휘두르면 10여 명이 땅에 쓰러졌다.

그러나 아이들은 곧 다시 일어나 흩어졌다가 다시 합세하여 공격해 왔다. 이러기를 서너 차례 하자, 그중 한 놈이 펄쩍 뛰어 어깨 위로 올라와 두건을 빼앗고 머리를 거머잡아 이우는 더욱 곤란한 지경에 빠져서 달아나려고 해도 그들에게서 벗어날 수가 없었다.

한편으로 주먹으로 치고 한편으로는 앞으로 빠져나가려는데 갑자기 한 노인이 나타났다. 도포를 입고 짚신을 신었는데, 어디서 나왔는지 알 수가 없었다. 노인은 큰 소리로 말하였다.

"이 관가에 계신 분은 항상 『법화경』을 독송하고 있다. 이 사람을 해치면 어찌 누累가 내게 미치지 않겠는가?"

그리고는 물러나라고 꾸짖었다. 마침내 귀신들이 다 흩어지자, 노인도 역시 사라져 버렸다. 이 노인은 토지신土地神이 아닐까라고 말해진다.

【『이견우지夷堅于志』, 『현응록』】

鬼莫能害

紹興二十八年。無爲軍指使李遇。迎新郡大守於城西。旣行十餘里。忽見百許人。從路旁出。皆如三五歲兒。大呼而前。合圍擊之。李初不懼。與相歐[1]每奮拳。必十數輩仆地。纔仆卽起。已散復合。如是數四。有躍而登肩。取巾搦[2]髮者。李益窘。走不可脫。且擊且前。俄一老叟。布袍草履。不知自何來。厲聲咄曰。此官人常持法華經。若損他豈不累我。叱令退。鬼遂散。老人亦不現。老人疑土地神云。【出夷堅于志。詳見現應錄。】

1) ㉑ '歐'가 을본에는 '毆'로 되어 있다.　2) ㉑ '搦'가 을본에는 '解'로 되어 있다.

2. 혀가 뽑히지 않다

　용삭龍朔 연간(661~663)에 당나라 서울에 사는 고문高文이란 사람이 항상 『법화경』을 읽고 있었다. 하루는 말을 타고 순의문順義門을 나섰는데, 얼마 안 가서 갑자기 말탄 사람 둘이 쫓아와 잡으므로 그 이유를 물으니, "우리는 염라대왕께서 보내어 당신을 잡으러 왔소." 하고 대답하였다.
　고문이 황급히 달아나려고 하였으나 도저히 면할 수가 없었다. 곧 붙들어 말에서 끌어내리고 머리채를 잡아채 가는 것이 머리를 칼로 도려 가는 것과 같았다. 소식을 듣고 집안사람들이 급히 달려가 들것에 싣고 집으로 데려왔다. 고문은 한참 만에야 소생하여 말하였다.
　"염라대왕이 내게 묻기를, '그대는 어찌하여 스님의 과자를 훔쳤으며, 어찌하여 삼보三寶의 허물을 말하였느냐? 법에 따라 처벌을 받을 것이다'라고 하여 나는 감히 할 말이 없었다. 대왕이 판결 내리기를, '과자를 훔친 죄는 철환鐵丸 450개를 삼켜 4년 동안 괴로움을 받아야 마땅할 것이고, 삼보의 허물을 말한 죄는 그 혀를 뽑아내야 할 것이다' 하고는 석방해 주라고 하여 다시 살아났다."
　이와 같이 말하더니 잠시 후 다시 정신을 잃고 무엇을 삼킨 듯 입이 막히고 온몸에 붉은 물집 같은 것이 생기면서 몹시 괴로워하였다. 그렇게 하루를 지내고는 다시 정신이 들어 말하였다.
　"내가 어떤 지옥에서 나흘 동안 철환을 삼키고 있었는데, 그 괴로움이란 이루 말할 수 없는 지경이었다. 그리고 내 혀를 뽑이 비리려고 하였으나 아무리 뽑으려 해도 뽑을 수가 없었다. 그래서 문서를 다시 조사해 보고 말하기를, '이 사람은 항상 『법화경』을 읽었으므로 혀를 뽑을 수 없는 것이다'라고 하여 마침내 석방해 주어 다시 살아났다."
　뒤에 고문은 지금 화도사化度寺에 계시는 원만圓滿 스님에게 법을 듣고 참회하였다고 한다.

【『남산삼보감통록』, 『홍찬법화전』 권9 「석법안전」, 『현응록』[64]】

舌不可耕

龍朔年間。京師高文。常讀法華經。一日乘馬。出順義門。忽見兩騎追捉問之。乃曰我是閻王遣來追汝。文惇惶逃避。皆不免。即被拽下馬。挽却頭髮。如同刀割。家人輿歸。至晚蘇云。閻王問我。何故盜僧菓子。因何說三寶之過。遂依法伏罪。無敢措言。王判盜菓之罪。合吞鐵丸四百五十枚。四年受之。說過之罪。合耕其舌。因令放釋。遂蘇。少選還絕。口如吞物。通身皰赤。有苦楚相。又經一日。醒云某在地獄。四日吞丸乃盡。苦毒不可復言。方欲拔舌耕之。拔而不出。勘案所乃曰。常讀法華經。舌不可出。遂放得活。今現在化度寺圓滿師處。聽法懺悔云。【出南山三寶感通錄。詳見弘贊第九卷釋法眼傳。及現應錄。】

---

64 『홍찬법화전』 권9(T51, 42a)에는 이 일이 당나라 낙양 백마사 법안法眼 스님이 출가 전에 겪은 것으로 되어 있으며, 『현응록』 권하(X78, 57c)에는 '서울에 사는 고문(京師高文)'이란 제목으로 재가자의 부분에 기술되어 있다.

3. 검은 옷의 손님이 돈을 돌려보내다

엄공嚴恭은 자字가 근례近禮인데, 본래 천주泉州 사람이다. 집이 부유하여 재물은 많지만 형제가 없어서 부모가 그를 애지중지하여 무슨 말이나 잘 들어주었다. 진陳나라 대건大建 초(569)에 엄공이 부모에게 청하였다.

"돈 5만 냥만 주시면 양주楊州에 가서 장사를 해 보겠습니다."

부모가 그 뜻을 따라 돈 5만 냥을 내주었다.

엄공이 돈을 배에 싣고 양주로 수십 리를 내려갔을 때, 강 가운데에서 큰 자라를 싣고 있는 배 한 척을 만나게 되었는데, 그 자라를 양주 장에 내다 팔려는 것임을 물어서 알게 되었다. 엄공은 자라가 팔려가 곧 죽을 것이 가엾어서 자라를 팔라고 간청하였다. 자라 임자가 말하였다.

"내 자라는 특별히 크므로 한 마리에 천 냥은 줘야겠습니다."

"모두 몇 마리인가요?"

"50마리입니다."

"여기 5만 냥이 있으니, 모두 내게 파시오."

자라 임자는 크게 기뻐하면서 돈을 받고는 자라를 내어 주고 가 버렸다.

엄공은 그 자라를 모두 강물에 놓아주고 빈 배로 양주로 향하였다. 그런데 먼저의 자라 임자는 엄공과 헤어지고 10리쯤 가서 배가 침몰하여 빠져 죽고 말았다.

이날 해가 질 무렵에 엄공의 본가에서는 검은 옷을 입은 손님 50여 명이 찾아와 묵어가게 되었는데, 돈 5만 냥을 엄공의 부모에게 주면서 말하였다.

"주인 어른의 아드님이 양주에 있는데 이 돈을 돌려드리라고 부탁하였습니다. 세어 보시고 받으시지요."

부모는 엄공이 죽은 것이 아닌가 깜짝 놀라서 다시 물었다.

"아드님은 아무 탈 없이 잘 있습니다. 다만 돈이 필요치 않아 부모님께 돌려보내는 것입니다."

부모는 돈이 모두 물에 젖어 있어서 이상하기도 하였으나 잘 지내고 가도록 음식을 차려 손님들을 대접하였다. 이튿날 날이 밝자 손님들은 인사를 하고 돌아갔다.

그 후 몇 달이 지나 아들 엄공이 돌아왔다. 부모가 크게 기뻐하며 돈을 돌려보낸 까닭을 물었더니, 엄공이 말하였다.

"그런 일이 없는데요."

부모는 여러 손님이 돈을 가져온 전말과 날짜를 자세히 말하였다. 아들이 그 날짜를 따져 보니, 바로 그 자라를 사서 살려 준 날과 같았다. 그러므로 50여 명의 손님이 곧 사서 살려 준 자라였음을 알고 모두 크게 놀라고 감탄하였다.

부모와 엄공은 이 일로 해서 양주로 이사 가서 부지런히 복업을 닦으며 항상 『법화경』을 읽었다. 하루는 엄공이 『법화경』을 읽다가 「견보탑품」에 이르자 책을 덮어 놓고 한탄하여 말하였다.

"보탑 안에는 두 분 여래께서 계시고, 분신의 부처님은 많기도 한데, 나는 어째서 그분들을 뵙지 못하는 것일까?"

이렇게 탄식하기를 마지않았다. 밤이 되어 꿈에 한 외국 승려(胡僧)가 나타나서 말하였다.

"경을 외우고 여러 부처님을 뵈려면 이 경을 해설하고 베껴 써서 유통하고 공양해야 합니다."

엄공은 발심하여 『법화경』 1백 부를 만들기 시작했는데, 미처 끝내지 못하고 갑자기 중병에 걸렸다. 그래서 그는 다시 천 부를 더 만들 것을 발원하였다.

병이 낫자 그는 곧 자기 집에 조경당造經堂을 만들고, 종이와 붓을 항상 깨끗한 마음으로 마련하되 결코 속여서 억지로 구하지 않고 얻은 대로 일을 추진하였다. 베껴 쓰는 사람 수십 명에게 법대로 모든 것을 공급하고 엄공이 친히 교정(檢校)하여 조금도 싫증내지 않았다. 어떤 사람이 『법화경』 만들 돈 만 냥을 자꾸 빌려 달라고 하여 엄공이 할 수 없어 주었더니, 그 사람이 돈을 얻어 가지고 배를 타고 가다가 중류에서 갑자기 배가 뒤집혀 가라앉아서 돈을 잃었으나 다행히 사람은 살았다.

이날 엄공이 창고에 들어가 보았더니, 그 돈이 원래대로 있고 모두 물에 젖어 있어 괴이하다고 생각했는데, 뒤에 그 빌려 간 사람을 만나 물에 빠졌음을 알게 되었다.

어느 날 갑자기 80세쯤 되어 보이는 이상한 차림의 스님이 와서 말하였다.

"나는 구자국龜妓國에서 와서 지금 나부산羅浮山(중국 광동성에 있는 산)으로 가는 길인데, 듣자 하니 당신이 『법화경』을 만들고 있다고 하여 한 부만 주었으면 해서 왔습니다."

엄공이 경을 주니, 이 스님은 무게 40냥이나 되는 금덩이를 주면서 말하였다.

"경을 조성하는 데 쓰십시오."

말을 마치자 물러갔는데, 어디로 갔는지 알 수가 없었다.

또 후지候志라는 사람이 파양鄱陽에서 궁정宮亭으로 가는데, 도중에 어떤 사람이 그를 한 묘로 인도하여 들어가 보니, 신인이 칼을 만지작거리며 앉아 있다가 후지에게 말하였다.

"그대는 양주의 『법화경』을 만드는 엄공을 아시오? 내가 돈 만 냥을 그 댁에 보내어 공덕을 쌓으려고 합니다."

그리고는 이내 없어졌다. 이튿날 후지가 길에 나서자 갑자기 한 사람이 나타나 와서 후지인지 묻고는 돈 만 냥을 억지로 받으라고 하고 가 버렸다. 후지는 이 돈이 틀림없이 전의 그 신인이 보낸 돈이라 생각하고 양주에 이르자, 곧 엄공에게 전해 주었다. 엄공은 뜻이 더욱 굳건해져서 『법화경』 3천 부를 만들길 기원하였다.

또 어떤 어부가 밤에 강 가운데에서 불덩어리가 둥둥 떠오는 것을 보고 배를 저어 나가서 맞아보니 『법화경』 한 궤짝이었다. 그것은 엄공이 조성한 것이었다.

엄공은 뒤에 다시, "한 자도 내 눈을 거치지 않은 글자가 없고, 한 자도 마음을 쓰지 않은 글자가 없도록 하리라." 하는 서원을 세웠는데, 그의 경 조성 사업은 자손에게까지 전해져 세상에서 그를 엄법화嚴法華라고 일컬었다.

수나라 말엽에 도둑이 일어나 각지를 횡행하였는데, 강도江都(楊州)에 이르러서는 서로 약속하기를, 엄법화의 마을에는 들어가지 말자고 하여 덕분에 마을이 무사하였다.

엄공은 전후로 모두 2천5백여 부의 『법화경』을 베껴 조성하였다.

【『영서집』, 『감통록』, 『홍찬법화전』 제10권, 『현응록』】

皂客還輸¹⁾ 本錢【電說文云大鼈也】²⁾

嚴恭。字近禮。本泉州人也。家富於財而無兄弟。父母愛恭。言無所違。陳大建初。恭請於父母。願得錢五萬。往楊州市物。父母從之。恭乘船載錢。而下去楊州。數十里江中。逢一船。載黿³⁾將詣市賣之 恭問知其故。念黿將死。因請贖之。黿主曰。我黿大頭。別千錢乃可。恭問有幾頭。答有五十。恭曰我有錢五萬。願以贖之。黿主喜取錢。付黿而去。恭盡以黿放江中。而空船詣楊州。其黿主別恭。行十餘里。船沒而死。是日昏暮皂⁴⁾衣客五十人。詣恭本家寄宿。并以錢五萬。付恭父母。曰君兒在楊州。附此錢歸。願依數受也。恭父母怔愕。疑恭死。客曰兒無恙。但不須錢故附歸耳。恭父受之。記是本錢而皆水溼。留客爲設食。客明且⁵⁾辭去後月餘。恭還家。父母大喜。旣而問附。錢所由。恭言無之。父母說客形狀及附錢日月。乃贖黿之日。於是知五十客。皆所贖黿也。父子驚嘆。因徙家楊州。專勤福業。常讀法華經。一時讀至見寶塔品。輟經嘆曰。寶塔之內。有二如來。分身諸佛。其數不少。我今何爲不能感見。慨歎良久。至夜忽夢 一胡僧語曰。若誦此經。欲見諸佛。當解說書寫流通供養。斯願可諧。恭因發心造經一百部。未及成辦。忽得重病。乃更發願。增造一千部。病旣愈。即於住宅。起造經堂。若紙若筆。必以淨心。不行欺詐。隨得便營。書生常十數人。如法供給。恭親檢校。勞不告倦。有人從貸經錢一萬。恭不得已與之。其人得錢。船過中流。忽尒沉覆。錢失人活。是日恭入庫。見元錢俱溼頗恠之。後見貸人。方知沒溺。一日忽有異僧年八十許。自云從龜玆國來。今往羅浮山去。聞君造經。願請一部。恭授與經。僧贈金一瓶。重四十兩。願助造經。言已而退。莫知所止。又有候志。從鄱陽末[6]至宮亭。有人引入廟。見神人案釰[7]而坐。問志。還識楊州造法華經嚴恭否。我欲寄錢一萬。入其功德。語已便隱。志次日至當塗。忽有一人。來覔候志。乃留錢一萬。逼令受之而去。志思惟知是神錢。纔到楊州。以錢付恭。恭志更彌堅。造至三千部。又有漁人。夜見江中火熖熖浮來。以船迎之。乃是經一凾。即嚴恭所造。後發願云。無一字不經眼。無一字不用心。然嚴恭造經之多。至於子孫。猶傳其業。世號嚴法華也。隋季盜賊縱橫。至江都皆相與約。勿入嚴法華里。里賴之。獲全前後所寫二千五百餘部。【本出靈瑞集及感通錄詳見弘贊第十及現應錄】

1) ㉄ '轍'가 을본에는 '送'으로 되어 있다. 2) ㉄ '黿說文云大鼈也'의 일곱 자가 을본에는 없다. 3) ㉄ 을본에는 '黿' 다음에 (협주로) '黿說文云大鼈也'가 있다. 4) ㉄ '皀'이 을본에는 '烏'로 되어 있다. 5) ㉄ '且'가 을본에는 '旦'으로 되어 있다. 6) ㉄ '末'가 을본에는 '來'로 되어 있다. 7) ㉄ '釰'이 을본에는 '劒'으로 되어 있다.

4. 신선이 한 품을 독송해 달라고 청하다

옛날 한 법사가 항상 『법화경』을 외우고 있었다. 하루는 정처 없이 각지를 유람하다가 어느 산길을 지나가는데, 한 하인이 산중의 조그마한 집으로 자기를 청하므로 문 앞에 이르러 보니, 용모와 풍채가 보통이 아닌 한 노인이 나와서 법사를 맞아들였다. 노인은 높은 자리를 마련해 놓고 청하였다.

"「견보탑품」을 외워 주시길 바랍니다."

법사가 자리에 올라 「견보탑품」 한 편을 외웠다. 노인은 듣고 나서 복숭아 한 개와 금덩어리 하나를 주어 보답하고는 하인더러 모셔다 드리라고 하였다.

법사가 골짜기 어귀까지 나와서 물었다.

"그 노인은 누구시오?"

하인은 말을 하지 않고 손가락으로 법사의 손바닥에다, "성은 손孫이고, 이름은 사막思邈"[65]이라고 쓰고는 사라져 버렸다.

법사는 그 복숭아를 먹고서 죽지 않고 오래도록 살았고, 금을 팔아 큰 부자가 되었다.

【『현응록』】

仙翁特請一品

昔有一法師。常誦法華經。一日雲遊。經過山路。有一僕。請入山中小齋。

---

65 손사막孫思邈 : 당나라 화원華原 지방 출신. 여러 학문에 통달하였고, 노장의 학문을 즐겼으며, 특히 음양추보陰陽推步와 의학·천문에 밝았다. 나라에서 국자박사國子博士, 간의대부諫議大夫 등의 벼슬을 주었으나 마다하고 은둔하였다. 『천금방千金方』 93권을 지었다.

及至門。有一老人。容儀不凡。出揖迎入。敷一高座。老人請云。願聞寶塔品。師陞座誦一徧。老人以桃一顆金一葉報之。仍命一僕送出。師出谷口。問其僕曰。老人是誰。其僕以指。書師掌上。姓孫名思邈。其僕遂不現。師食桃不死。賣金暴富。【出現應錄】

5. 공중에서 손가락 퉁기는 소리가 들리다

양주楊州 서령사栖靈寺의 스님 도예道藝는 항상 『법화경』을 외웠다. 그런데 매번 「견보탑품」에 이르기만 하면 공중에서 손가락 퉁기는 소리가 수십 번 들려왔다. 이후로 스님은 전보다 갑절이나 더 정성스럽게 경을 외웠다.

空中彈指
楊州栖靈寺僧道藝。常誦此經。每至見寶塔品。空中彈指數十下。自此之後。精誦倍常。

6. 자리에서 향기가 나다

　만상萬相 스님은 옹주雍州 만년현萬年縣 사람이다. 『법화경』을 정성스럽게 외우고 또 그 뜻과 이치를 부연하였는데, 무릇 10여 번이나 강의하였다. 그가 일찍이 처마 밑에서 『법화경』을 외우고 있는데, 홀연 흰 꿩이 날아와 좌우에 넙죽이 엎드렸다. 스님이 손으로 잡아도 처음부터 놀라 푸닥거리지도 않고 따라서 왔다 갔다 하였다.
　혹은 화로에 숯불이 저절로 피어나기도 했고, 혹은 평상 뒤에서 자주 기이한 향기가 났다. 또 방 뒤 나무 위에는 어디에서 왔는지 금동 불상이 안치되어 있었고, 푸른 참새 한 쌍이 양쪽에서 나란히 서 있다가 만상 스님이 그 금동불상을 모셔 들여오니 새는 훌쩍 날아가 버렸다.
　또 스님이 한밤중에 조용히 앉아 있는데, 홀연 비몽사몽간에 서북쪽 하늘에 굉장히 높고 아름답게 장식한 보탑이 나니, 그 장엄함이 볼수록 끝이 없었다. 또 동북쪽을 보니, 일곱 별 속에 일곱 부처님이 계셨는데, 그 가운데서 나오셨다. 금빛 찬란한 모습이 단아하고 순수하며 밝게 비추어 환히 빛나는데, 서로 기뻐하며 옷깃을 여미고 예배 찬탄하더니 잠시 후에 유유히 사라졌다.
　만상 스님은 『법화경』을 4천여 번이나 외웠는데, 입적할 때 제자더러 보현보살의 명호를 부르라고 하더니 갑자기 말하였다.
　"보현보살이 오셨다."
　그리고는 오른쪽으로 누워 숨을 거두니, 나이는 74세였다.

【『홍찬법화전』 권8】

座上生香

釋萬相。雍州萬年人也。諷誦法華。兼敷義理。凡講十餘徧。曾於簷下誦經。忽有白雉。馴伏左右。以手取之。初不驚擾。隨相來去。或爐中火炭。自然而出。或床後薦間。異香頻發。又於房後木上。金銅龕像。無何而至。靑雀一雙。兩邊侍立。相收得像。鳥忽飛去。又於中夜靜坐。忽然似夢。見西北天中寶塔。高廣嚴飾。望之無際。又見東北。七星中七佛。從星中出。金容端粹朗照赫然。相悲喜交衿。[1] 禮拜讚嘆少選之間。倐然而滅。其所誦凡四千餘徧。將終之際。令門人稱。普賢菩薩名。俄自云。普賢菩薩來。右脇而卒。春秋七十四。【出弘賛第八】

1) ㉘ '衿'이 을본에는 '裕'으로 되어 있다.

제7단 「제바달다품」·「권지품」

1. 몸을 연꽃의 태에 의탁하다

왕엄은 자字가 공원公遠이고, 낭야瑯琊 임기臨沂 사람이다. 할아버지 빈份은 상서좌복야尙書左僕射였고, 왕엄은 벼슬이 황문랑黃門郞에 이르러 신안新安 태수가 되었는데, 불도에 전심하여 새벽부터 밤까지 조금도 나태하지 않고 『법화경』을 여러 해 동안 독송하였다. 그의 아우 고固도 역시 채식을 하며 『법화경』을 독송했다.

그러다가 왕엄이 죽었는데, 아우 고의 꿈에 나타나서 말하였다.

"나는 서방 무량수불의 나라에 태어나게 되었는데, 철 잎으로 된 연꽃 안에 태생하여 5백 년 뒤에나 태에서 나와 부처님을 뵙게 될 것이다. 애써 『법화경』을 외웠기 때문에 서방에 태어나게 되었지만, 어리석어서 의혹이 많았기 때문에 태생을 받게 되었다. 그래서 네게 알려 주는 것이니, 너는 부지런히 『법화경』을 외워라."

그리고는 작별하였다.

【『홍찬법화전』 권6】

身托蓮胎

王[1]淹字公遠。瑯琊臨沂人也。祖份尙書左[2]僕射。淹官至黃門郞新安大守。專心佛道。無懈晨昏。持誦法華。積有年稔。其弟固。亦菜食。誦法華經。淹亡。與固夢云。吾得生西方無量壽佛國。胎生在鐵葉蓮華內。五百歲。方得出胎見佛。以誦法華苦到故。得生西方。以愚癡多疑故。受胎生。止報汝知。汝誦經勿懈也。於是別矣。【出弘贊第六】

1) ㉥ '玉'은 갑본과 을본에 '王'으로 되어 있고, 『홍찬법화전』 권6(T51, 29b)에도 '王'으로 되어 있으므로 그에 따라 번역한다. 2) ㉦ '左'가 을본에는 '在'로 되어 있다.

2. 연화좌에 이름이 내걸려 있다

명주明州 개원사開元寺 스님 가구可久는 늘 『법화경』을 독송하여 당시에 구법화久法華라 불렸다. 평생토록 반복하여 잘 외우고 지녀 정토를 장엄하였다.

원우元祐 8년(1093)에 스님은 아무런 병도 없이 단정히 앉아서 숨을 거두었다가 사흘 후에 다시 살아나서 말하였다.

"나는 이미 정신이 정토에 노닐었는데, 그 국토의 모양은 『관무량수경(十六觀經)』에 설해 있는 장엄과 한가지로 똑같았습니다. 칠보로 된 연못 가운데 있는 연화대(蓮臺)에는 그 정토에 날 사람들의 성명이 적혀 있었습니다. 한 자금대紫金臺에는 송나라 성도부成都府 광교원廣教院의 훈법화熏法華라고 내다 걸렸는데, 이미 정토에 태어난 것입니다. 또 한 금대金臺에는 명주明州 손십이랑孫十二郞이라 씌어 있었으며, 또 다른 한 금대에는 명주 구법화久法華라고 씌어 있었고, 또 한 은대銀臺에는 명주 서도고徐道姑라 씌어 있었습니다."

말을 마치자, 다시 단정히 앉은 채로 숨을 거두었다. 그리고 5년이 지나 서도고가 과연 단정히 앉은 채로 숨을 거두었는데, 그가 죽을 때 기이한 향내가 방안에 가득하였다. 12년이 지나 손십이랑이 죽었는데, 이때에는 하늘의 음악소리가 들려오는 등 신령스러운 상서가 연이어 일어났다.

【『용서정토문龍舒淨土文』,『현응록』】

名標花座

明州開元寺。僧可久。常誦法華經。時稱久法華。平生廻誦持善利。莊嚴淨土。元祐八年無病。端然坐亡。過三日。復蘇云。吾已神遊淨土。其土之相。與十六觀經所說莊嚴一同。七寶池中所有蓮臺。皆標當生者姓名。一紫金臺。標云大宋成都府廣敎院熏法華。已生其中。又一金臺。標明州孫十二郎。又一金臺。標明州久法華。又一銀臺。標明州徐道姑。言訖復坐亡。至後五年。徐道姑果坐亡。亡時。聞異香滿室。過十二年。孫十二郎卒時。聞天樂之聲。靈瑞重疊。【此本出龍舒淨土[1]文。詳見現應錄。】

---

1) ㉗ '土'가 을본에는 '土'로 되어 있다.

3. 성승聖僧이 독송을 가르쳐 주다

수隋나라 때 병주幷州 사람 고수절高守節은 집안 대대로 불법을 신봉했는데 수절은 더욱더 정성이 지극하였다.

열예닐곱 살 때 대도代都(지금의 북경)에 갔다가 길에서 한 사문을 만났다. 나이는 60세쯤 되어 보이고, 스스로 해운海雲이라 소개하였다. 서로 이야기를 나누다가 스님이 물었다.

"소년은 경을 외울 수 있는가?"

"저는 정성을 다해 진심으로 배우고자 합니다."

그러자 스님은 그를 데리고 오대산五臺山[66]으로 갔다. 한 곳에 이르니 초가집 셋이 있는데, 겨우 몸을 들여놓을 만하였다. 스님은 수절을 이곳에 머물러 있게 하고, 『법화경』을 가르쳐 주어 외우게 하며 밖에 나가 구걸해다가 수절의 의식까지 마련해 주었다.

수절은 호승胡僧이 와서 해운 스님과 한참씩 이야기를 나누다가 돌아가곤 하는 것을 자주 보았는데, 어느 날 스님이 수절에게 물었다.

"그 호승을 알겠는가?"

"모르겠습니다."

스님은 농담조로 말하였다.

"그분은 문수사리보살이시네!"

수절은 이 말을 여러 번 들었으나 그 뜻을 깨닫지 못하였다.

하루는 갑자기 스님이 수설에게 산 아래 내리가 무슨 물긴을 가져오라

---

66 오대산五臺山 : 문수보살이 시현한 곳으로 알려져 있다. 오대五臺란 산봉우리에 흙을 쌓아 놓은 대臺와 같은 지형으로 이루어진 곳으로 형상이 연꽃과 같고, 동·남·서·북의 사대에서 중대에서 뻗어 나가서 형세가 용이 하늘을 나는 것과 같다고 한다. 문수도량 혹은 문수보살의 주처住處라고 일컫는다.

고 이르고, 훈계하여 말씀하셨다.

"본래 여자란 모든 악의 근본이다. 여자는 깨달음의 도를 깨뜨리고 열반의 성城을 무너뜨리게 하니, 그대는 세상에 나가거든 항상 깊이 삼가해야 하네."

수절은 공손히 가르침을 받았다.

산 아래로 중간쯤 내려왔을까 도중에 한 여인을 만나게 되었다. 나이는 열네댓 살 되겠는데, 옷이 화려하고 용모가 아름다웠다. 흰말을 타고 바로 수절의 앞으로 나오더니 말하였다.

"몸이 갑자기 아파서 말에서 내려야겠는데 이 말이 마구 날뛰어 마음대로 제어할 수가 없으니, 제발 당신이 저를 좀 부축해 내려 주세요."

그러나 수절은 스승이 경계한 말을 생각하고는 뒤도 돌아보지 않고 길을 재촉했다. 여인이 몇 리를 뒤쫓아와 간절히 애원했으나 수절이 처음과 같이 뜻을 굽히지 않자 갑자기 여인이 사라졌다. 수절이 본래 있던 곳으로 돌아와서 스님께 그 일을 이야기하였더니, 스님이 말하였다.

"그대는 참으로 대장부로구나! 그렇지만 그 여인은 문수사리보살인 것을!"

수절은 그래도 그 뜻을 깨닫지 못하고 농담으로만 여겼다.

수절은 3년 동안 꾸준히 『법화경』 한 부를 독송하여 그 깊은 뜻을 자세히 터득하였다. 얼마 후 장안長安에서 사람들을 출가(得度)시킨다는 소문을 듣고, 머리를 깎고 스님이 되리라 생각하고 아침저녁으로 그 방법(方便)을 스승에게 물어본 다음 장안으로 가겠다고 하였다. 이때 스승이 당부하였다.

"너는 『법화경』을 외워 대승의 종자를 이미 성취하였다. 네가 꼭 가고자 하거든 가서 좋은 스승께 의논하여라. 이번에 서로 이별하면 다시 만나기 어려울 것이니, 너는 서울(장안)에 가거든 선정禪定도량으로 가서 와륜 선사臥倫禪師[67]께 의지하여라."

수절은 서울로 들어가 승려가 되려고 했으나 마음먹었던 대로 되지 않아 와륜 선사 계신 곳을 찾아갔다. 선사가 물었다.

"그대는 어디에서 왔는가?"

"오대산에서 왔습니다. 은사 스님께서 저를 보내 스님의 제자가 되라고 하셨습니다."

"은사 스님의 존함이 무엇인가?"

"해운이십니다."

와륜 선사는 크게 놀라고 탄식하면서 말했다.

"오대산은 문수보살이 계시는 곳이고, 해운 비구[68]는 『화엄경』에 나오는 선재동자의 세 번째 선지식善知識인데, 그대는 어찌하여 그 성인을 떠났는가. 천겁 만겁에도 한 번 만나 뵐 수 없는데, 어찌하여 그런 잘못을 저질렀는가?"

수절은 그제야 비로소 그때까지의 일을 이해하고 힘을 다해 모시지 않았던 것을 후회하고 사모하는 마음이 간절하였다. 다시 찾아가 뵈어야겠다고 생각하고 마침내 와륜 선사께 하직한 다음 되돌아서서 밤낮을 달려 예전에 있던 곳에 이르렀으나 보이는 것은 아무것도 없었다.

【『홍찬법화전』 권7】

聖僧敎誦

隋時幷州人高守節。家代信奉。而守節尤爲精。到年十六七時。曾遊代都。道遇沙門。年可六十。自稱海雲。與之談叙。因謂曰。兒能誦經不。答曰誠其本心。雲卽將向五臺。至一處。見三草屋。纔得容身。乃於中山。敎誦法

---

67 와륜 선사 : 고역사高力士의 아들로 선풍을 드날렸다고 한다.
68 해운 비구 : 『화엄경』「입법계품」에서 설하고 있는 선지식으로, 선재동자가 찾아가 가르침을 받은 53선지식 중 제2 선지식(여기서는 세 번째로 되어 있음)으로 알려져 있다. 해문국海門國에 살면서 항상 바다를 관觀한다고 알려져 있다.

華經。在外乞求。給其衣食。節屢見胡僧來至。與師言笑。終而[1]歸去。後雲輒問曰。識向胡僧不。曰不識。雲貌似戲言曰。是文殊師利菩薩。節雖頻承此告。未悟其旨。後忽使節下山取物。仍誡曰。夫女人者。衆惡之本。壞菩提道。破涅槃城。汝向人間。宜其深愼。節敬諾受敎。下山中路。乃見一女人。年十四五。衣服鮮華。慈容雅麗。乘一白[2]馬。直就其前。向節曰。身有急患。要須下乘。馬好跳躍。制不自由。希君扶接。濟此微命。節遂念師言。竟不廻顧。女亦追尋數里。苦切其辭。節執志如初。俄而致失。旣還本處。具陳其事。師曰汝眞丈夫矣。雖然此是文殊師利菩薩。節尙未悟。猶謂戲言。然於此誦經。凡歷三載。法華一部甚得精淳。後聞長安度人。心希剃落。晨昏方便。諮師欲去。師云汝誦得法華。大乘種子。今已成就。汝必欲去。當詢好師。此之一別。難重相見。汝京內 可於禪定道場。依止臥倫禪師。節入京求度。不遂其心。乃往倫所。倫曰汝從何來。答從五臺山來。和尙遣[3]與師爲弟子。倫曰和尙名誰。答曰名海雲。倫大驚嘆曰。五臺山者。文殊所居。海雲比丘。卽是華嚴經中善財童子第三善知識。汝何以弃此聖人。千劫萬劫無由一遇。何其誤耶。節乃始悟由來。恨不碎其身骨。而遇情眷眷。猶希再覲。遂辭倫返迹。日夜奔馳。及至故處。都無所見。【出弘贊第七】

1) ㉑ '而'가 을본에는 '曰'로 되어 있다. 2) ㉑ '白'이 갑본에는 '自'로 되어 있다. 3) ㉑ '遣'이 을본에는 '遺'로 되어 있다.

4. 바다 신이 강설을 청하다

연광緣光 스님은 신라 사람이다. 양梁나라 공직도貢職圖[69]를 살펴보면, "위魏나라에서는 사로斯盧라고 하였고, 송나라에서는 신라新羅라 하였는데, 본래 동이東夷의 진한국震韓國이다."라고 하였다.

연광은 명문대가에 태어나 어려서 불교에 귀의하여 스님이 되었는데, 견식과 도량이 남보다 뛰어났으나 중국 주변 나라 땅에서 살고 있어 바른 교의敎義에 융통하지는 못하였다. 그리하여 수隋나라 인수仁壽 연간(601~604, 신라 진평왕대)[70]에 수나라의 오회吳會에 이르니, 마침 지자 대사智者大師[71]가 『묘법연화경』을 널리 설하고 있었다. 그는 열심히 조석으로 익혀서 몇 해 안 되어 갑자기 크게 깨달으니, 대사가 스님에게 『묘법연화경』을 강설하도록 하였다.

스님이 경을 강설하면 재능이 뛰어난 사람들도 신기하여 그를 따르지 않을 수 없었다. 뒤에 스님은 다시 천태별원天台別院에서 묘관妙觀[72]을 더 닦았는데, 갑자기 몇 사람이 나타나서 말하였다.

"천제天帝께서 스님의 강설을 청하십니다."

---

69 공직도貢職圖 : 조공朝貢하는 의식을 그린 그림.
70 이 연대는 지의智顗(538~597)가 입적한 후이므로 기록에 착오가 있었던 듯하다. 연광이 실제로 지의에게 가르침을 받았다면 '수 개황 연간(581~600)'이어야 하며, '인수 연간'이라면 지의를 만나지 못했을 것이다.
71 지자 대사智者大師 : 지의智顗(538~597)의 법호로서 천태종의 개조이다. 형주荊州 사람으로 대소산大蘇山의 남악 혜사南嶽慧思에게서 법화안락행과 보현도량을 전수받았다. 혜사는 그를 보고 영산에서 『법화경』을 들은 숙연으로 지금 다시 만난 것이라고 하였다. 법화삼매를 체득하고, 금릉으로 내려와 강설하다가 돌연히 천태산으로 들어가 11년을 수학하였다. 그 후로는 천태삼대부라 일컫는 『법화현의』・『법화문구』・『마하지관』을 강설하여 법화원융의 교관敎觀을 집대성하였다.
72 묘관妙觀 : 천태의 일심삼관一心三觀, 곧 원융삼관圓融三觀을 말한다. 한 마음에 공空・가假・중中의 삼제三諦를 관하여 실상實相을 증득하는 수행법이다.

스님이 묵묵히 허락하자 문득 기절하여 열흘이 다 되도록 얼굴빛이 평상시와 같더니 본래대로 깨어났다. 이미 불도 수행을 마친 스님은 고국으로 돌아오려고 수십 명과 함께 큰 배를 타고 떠났다. 바다 가운데 이르렀을 때 배가 갑자기 꼼짝을 않더니, 한 사람이 말을 타고 물결을 헤치며 뱃머리로 다가와서 말하였다.

"바다 신(海神)께서 스님을 청하십니다. 잠시 수궁으로 가셔서 경을 강설해 주십시오."

스님이 말하였다.

"빈도貧道의 이 몸은 중생들을 이롭게 하겠다고 서원을 세웠지만, 이 배와 배에 타고 있는 나머지 사람들은 어떻게 되는 것입니까?"

"이 사람들도 같이 갈 것이고, 이 배 또한 염려치 마십시오."

그래서 모두 배에서 내려 한참을 걸어가니 똑바르고 평탄한 큰 길이 나왔고, 길가에는 향기로운 꽃이 가득하였다.

바다 신이 많은 시종들을 거느리고 나와서 스님을 맞아 대궐 안으로 들어갔다. 구슬 벽이 휘황찬란하게 빛나 눈과 정신을 잃을 지경이었다.

스님이 『법화경』 한 번을 강설하고 나니, 바다 신은 진귀한 보배를 크게 베풀어 주고 다시 배까지 데려다 주어 배에 올랐다.

본국으로 돌아온 연광 스님은 『법화경』을 널리 폈으며, 어릴 때부터 날마다 한 번씩 해 오던 『법화경』 독송을 목숨이 다할 때까지 빠뜨리지 않았다.

나이 80에 주석하던 곳에서 입적하였는데, 다비茶毘를 하였더니 두골에 혀만이 타지 않고 남아 온 나라 사람들이 와서 보고 듣고는 모두 드문 일이라고 감탄하였다

연광 스님에게는 누이동생이 둘이 있었는데, 일찍부터 불교를 독실히 믿었다. 스님의 두골과 혀를 거두어 모셔 놓고 공양하였는데, 가끔 두골과 혀에서 『법화경』 외우는 소리가 들렸고, 누이동생이 모르는 글자가 있

어서 물으면 모두 일러 주었다.

【『홍찬법화전』권3】

海神請聞

釋緣光。新羅人也。按梁貢職圖云。魏曰斯盧。宋曰新羅。本東夷震韓之國也。光世家名族。幻歸緇服。識量過人。以生居邊壤。正敎未融。以隋仁壽年間。來至吳會。正逢智者。敷弘妙典。光伏膺朝夕。數年之中。欻然大悟。智者卽令就講妙法華經。俊朗之徒。莫不神伏。後於天台別院。增修妙觀。忽見數人云。天帝請講。光默然許之。於是奄然氣絶。經于旬日。顏色如常。還歸本識。旣而器業。將歸故國。與數十人。同乘大舶。至海中船忽不行。見一人乘馬。凌波來至船首云。海神請師。暫到中講說。光曰貧道此身誓當利物。船及餘伴。未委如何。彼云人並同行。船亦勿慮。於是擧衆同下。行數步。但見通衢平直。香花徧道。海神將百千侍從。迎入宮中。珠璧焜煌。映奪心目。因爲講法華經一徧。大施珍寶。還送上船。光達至本鄉。每弘茲典。自少誦持。日餘一徧。迄於報盡。此業無虧。年垂八十。終於所住。闍維旣畢。髏舌獨存。一國見聞。咸歎希有。光有妹二人。早懷淸信。收之供養。數聞髏舌。自誦法華。妹有不識字處。問之皆遵。【出弘贊第三】

5. 집비둘기가 사람으로 태어나다

이름을 알 수 없는 한 노승이 병주并州 석벽사石壁寺에서 선관禪觀을 잘 닦고 있었다.

정관貞觀 말엽(649)에 스님의 방 대들보 위에 집비둘기 새끼 두 마리가 있어 노승은 매일 남은 음식으로 먹여 길렀다.

얼마 후 어느 정도 자라기는 했지만 아직 날개가 완전히 성숙되지 않았는데 나는 것을 배우다가 그만 둘 다 땅에 떨어져 죽었다. 스님은 거두어 장례를 치러 주었다.

10여 일이 지난 어느 날 밤 꿈에 어린아이 둘이 나타나 말하였다.

"저희들은 전생에 죄가 있어 집비둘기로 태어났다가 스님의 『법화경』 읽는 소리를 듣고 사람의 몸으로 태어나게 되었습니다. 저희들은 이 절에서 10리 떨어진 어느 마을 어느 집에 아들로 태어나는데, 열 달 후면 세상에 나오게 됩니다."

열 달이 지나 스님이 그 집을 찾아가 보니, 과연 그 집 부인이 아들 쌍둥이를 낳고 만월재滿月齋[73]를 베풀고 있었다. 스님이 두 아이들에게, "비둘기야!" 하였더니, 아이들 둘이, "예." 하고 대답한 뒤로는 돌이 지난 후에야 비로소 말을 하였다.

『홍찬법화전』 권9

鴿受人身

有一老僧。失其名。住并州石壁寺。禪觀爲業。貞觀年末。房櫺上。有二鴿雛。老師每以餘食飼之。後雖漸長。羽翼未成。乃並學飛俱墮地而死。僧因

---

[73] 만월재滿月齋 : 아이를 낳고 올리는 재를 말한다.

收葬。經旬日後。夜夢有二小兒告曰。兒等爲先有罪。遂受鴿身。比來聞師讀法華經。得受人身。兒等今於寺側十餘里。某村某甲家。托生爲男。十月之外。當即誕育。僧乃依期往視。見此家一婦。雙生二男。作滿月齋。僧呼二姟[1]子曰。鴿兒。並應曰諾。一應之後。歲餘始言也。【出弘贊第九】

---

1) ㉮ '姟'가 을본에는 '孩'로 되어 있다.

6. 귀신이 뒷간의 업보를 벗어나다

혜과慧果 스님은 예주豫州(중국 安徽省에 있었음) 사람이다. 어려서는 채식을 하며 스스로 선업을 닦았다. 송나라 초에 서울로 가서 와관사瓦冠寺에서 『법화경』을 독송하였는데, 어느 날 뒷간 앞에서 한 귀신을 만났다.

귀신은 스님에게 조용히 절을 하고 나서 말하였다.

"옛날에 제가 여러 스님들의 유나維那[74]가 되었을 때 법에 어긋나는 조그마한 잘못을 저지른 죄로 뒷간에서 똥을 먹는 귀신이 되었습니다. 법사께서 덕이 높으시고 또한 자비로우시니, 원컨대 제가 구제받을 방법을 알려 주십시오."

귀신이 또 말하였다.

"제가 옛날에 돈 3천 냥을 감나무 아래에 묻어 두었습니다. 스님께서 꺼내다가 복 되는 일에 쓰십시오."

혜과 스님이 곧 여러 사람을 불러 가서 그곳을 파 보니, 정말로 3천 냥이 나와 『법화경』 1부를 만들고, 법회를 베풀었다. 얼마 후 꿈에 그 귀신이 나타나서 말하였다.

"저는 이미 생을 다시 받았는데 옛날보다 훨씬 좋습니다."

혜과 스님은 송나라 대명大明 6년(462)에 나이 76세로 입적하였다.

【『홍찬법화전』 권6】

鬼脫厠報

釋慧果。豫州人也。小以蔬苦自業。宋初遊京師。至瓦冠寺。誦法華經。嘗於厠前見一鬼。致敬於果云。昔爲衆僧。而作維那。小不如法。墮在噉糞鬼

---

[74] 유나維那 : 절에서 여러 스님들의 잡일이나 사무를 감독, 지도하는 승직僧職.

中。法師德業高明。又慈悲爲意。願助以拔濟之方也。又云昔有錢三千。埋在柹樹根下。願取爲福果。即告衆掘之。實得三千。爲造法華一部。并設法會。後夢見此鬼。云已得改生。大勝昔日。果以宋大始[1]六年卒。春秋七十有六。【出弘贊第六】

---

1) ㉘ '始'는 '明'의 잘못된 표기로 보인다. 송宋의 연호로 '대시大始'는 없다.『홍찬법화전』권6에 수록된 인물들의 연대로 보아 남북조시대 (남)송의 효무제孝武帝 대명大明(457~464) 연간인 듯하다.

제8단 「안락행품」

1. 용천이 강설을 청하다

현광玄光[75] 스님은 해동 웅주熊州(지금의 공주 지방) 사람이다. 바다를 건너 중국으로 선법禪法을 구하러 가서 형산衡山(중국 절강성에 있음) 혜사慧思 대선사가 선정과 지혜가 모두 뛰어나고, 아울러 계율(毗尼)도 청정하다는 말을 듣고 한 뜻으로 바로 남악南岳(형산을 말함)으로 가 선사를 찾았다. 선사는 현광 스님을 보자 그 근기를 알아보고 『법화경』의 사안락행四安樂行[76]을 가르쳐 주었다. 현광 스님은 근기가 영리하여 마치 송곳이 아무리 견고해도 뚫지 못할 것이 없는 것과 같았다. 그는 가르침 받은 대로 수행하고 항상 정진하여 닦으니, 마침내 법화삼매法華三昧[77]를 증득하였다.

선사가 수행의 성취를 인가해 주며 말하였다.

"그대가 증득한 것은 진실하여 허망하지 않다. 본국으로 돌아가서 방편을 베풀어 나의 가르침을 널리 펴도록 하라."

현광 스님은 정중히 절하여 하직하고 곧 강남으로 가서 주석하다가 배를 타고 귀국길에 올랐다. 바다 한가운데에 나왔을 때 오색구름이 일고 아름다운 음악소리가 들려오더니 공중에서 소리가 들렸다.

---

[75] 현광玄光 : 백제 위덕왕 때 중국으로 건너가 천태 지의의 스승인 남악 혜사로부터 법화삼매를 전수받았다. 중국에서는 제자로 혜민慧旻을 배출하였고, 백제에 돌아와 승당수별자升堂受莂者와 화광삼매火光三昧·수광삼매水光三昧를 증득하는 이들을 길러냈다. 중국 국청사國淸寺 조사당祖師堂에 28조사의 한 분으로 모셔졌다. 그의 전기는 『송고승전』·『불조통기』 등에 전한다.

[76] 사안락행四安樂行 : 『법화경』 「안락행품」에 설해진 신身·구口·의意·서원誓願의 네 가지 안락행을 말한다.

[77] 법화삼매法華三昧 : 『법화경』에 설해진 제법실상의 경지에 들어가는 삼매. 그 수행법은 『법화삼매참의法華三昧懺儀』에 자세히 설해져 있다.

"천제께서 해동의 현광 선사를 용궁으로 부르시니, 가셔서 친히 증득한 법을 강설하소서."

스님이 그저 양손을 맞잡고 겸손히 사양하는데 푸른 옷을 입은 사람이 앞장서서 길을 인도하였다. 이윽고 용궁에 들어가 보니, 인간의 관청과는 달리 시위하고 있는 군사가 모두 어류와 귀신들이었다. 스님이 보배 전각에 올라 높은 대에 앉아서 『법화경』을 강설하고 묻는 대로 대답해 주기를 이레 동안 계속하였다. 강설이 다 끝나자, 용왕이 친히 나와서 전송해 주었다. 스님이 다시 배에 오르니 뱃사공이 말하였다.

"배가 바다에 떠서 나아가지 않고 있었던 것이 겨우 한나절일 뿐입니다."

현광 스님이 마침내 웅주에 도착하여 옹산翁山에 암자를 짓고 머물러 있으니, 여러 스님들이 자주 왕래하여 큰 절(梵刹)이 되었다. 남악 조사당에는 28현성賢聖을 모셨는데, 현광 스님이 그중 한 분으로 모셔져 있다.

【『현응록』[78]】

龍天請講

釋玄光海東熊川人也。越滄溟。求中國禪法。聞衡山思大禪師。雙弘定慧。兼善毗尼。一志徑造南岳。思察其根器。授以法華四安樂行。光利若神錐。無堅不犯。稟而行之。常修精進。俄證法華三昧。思印之曰。汝之所證。眞實不虛。當還本國。施設善權。敷揚吾敎。光頂禮而別。卽住錫江南。附舶至于大洋。偶見彩雲雅樂。降節而至。空中聲曰。天帝召海東玄光禪師於龍宮。說親證法門。光拱手避讓。唯見靑衣前導。尋入宮城。不類人間官府。羽衛之設。無非鱗介鬼神。師旣登寶殿。次陟高臺。如問而談者。凡七日事畢。龍王躬自送別。光復登舟。舟人謂泛洋不進者。半日而已。光遂至熊川[1)]

---

78 동일한 내용이 『불조통기』 권9(T49), 『송고승전』 권18(T50) 등에도 실려 있다.

翁山。結茅卓錫。同類相從。乃成梵刹。南岳祖堂。列二十八賢。光居一焉。

【出現應錄】

1) ㉠ '川'은 '州'를 잘못 표기한 것으로 보인다. 『현응록』(X78, 28b)과 『송고승전』 권18(T50, 821a) 등 다른 전적에는 모두 '州'로 되어 있다.

2. 호랑이가 흠모하다

홍명弘明 스님은 회계會稽 산음山陰 사람이다. 어려서 출가하여 산음 운문사雲門寺에서 『법화경』을 독송하고 부지런히 예참禮懺하는데, 하루 여섯 때 거르는 일이 없었다. 매일 아침마다 물병의 물이 저절로 가득 채워졌으니, 실은 여러 하늘의 동자들이 시중들어 주기 때문이었다.

스님이 일찍이 운문사에서 좌선을 하고 있는데, 호랑이가 와서 스님 방으로 들어와 평상 아래 들어가 엎드려서 스님만 바라보며 단정히 앉아 꼼짝도 하지 않다가 한참 만에야 가곤 하였다.

또 한번은 어린아이가 와서 스님의 독송을 듣고 있었다. 스님이 물었다.

"너는 어디 사는 누구냐?"

"저는 옛날 이 절의 사미였는데 휘장 아래 음식을 훔쳐 먹고 지금 뒷간의 귀신이 되었습니다. 스님의 도가 뛰어나시다는 말을 듣고 와서 독송을 듣고 있습니다. 방편을 쓰시어 이 누추한 업을 면하게 해주십시오."

스님이 곧 법을 설하여 교화하니, 아이는 단박에 이해하고 바로 사라졌다. 홍명 스님은 제齊나라 영명永明 4년(486)에 백림사栢林寺에서 입적했는데, 나이 84세였다.

【『홍찬법화전』 권6】

鬼虎欽風

釋弘明。會稽山陰人也。小出家。止山陰雲門寺。誦法華經。精勤禮懺。六時不輟。每旦[1])瓶水自滿。實諸天童子。以爲給使也。明嘗於雲門寺坐禪。虎來入明堂內。伏于床下。見明端然不動。久久乃去。又時見一小兒來。聽明誦經。明曰汝是何人。答云昔時此寺沙彌。盜帳下食。今墮圊中。聞上人

道業。故來聽誦。願助方便。使免斯累也。明即說法勸化。領$^{2)}$解方隱。明以
齊永明四年。卒於栢林寺。春秋八十四。【出弘贊第六】

1) ㉄ '且'는 을본에 '旦'으로 되어 있다.　2) ㉄ '領'은 을본에 '頓'으로 되어 있다.

3. 학이 날아오다

　현벽玄璧 스님은 소주蘇州(중국 사천성에 있음) 오현吳縣 사람이다. 유수사流水寺에 머물면서 항상 『법화경』을 강설하고 있었는데, 사나운 짐승·독충·요망한 귀신·악한 도둑 따위가 자주 해치려 했으나 스님은 조금도 증오하는 감정을 품지 않았다. 늘 사방 4자밖에 안 되는 단 하나뿐인 평상에 정좌하고서 한 번도 기대거나 눕는 일이 없었다.

　『법화경』을 20여 번이나 강설하여 온 마을 사람들이 다 와서 들었는데, 갑자기 학(仙鶴) 한 마리가 밖에서 날아와 뜰에 내려앉아 세 번 못의 물을 물어다가 땅에 뿌리고 바로 부처님 옆의 성승聖僧 자리로 가 한 번도 움직이지 않고 똑바로 서서 듣고 설법을 다 들은 후에 날아갔다. 이렇게 1년을 계속하였다. 나중에는 항상 상당에 와서 날개를 치기도 하여 앞으로 끌어내렸더니, 강의하면 곧 몸을 굽혀 인사를 하였다. 또 법사가 하라는 대로 춤을 추라고 하면 날개를 폈다 오그렸다 하고, 발을 들썩들썩 하고 머리를 쳐들었다 숙였다 하고 왔다 갔다 하였다. 이루 다 말할 수 없이 여러 가지 모양으로 변하여 인근 여러 고을 선비들이 모여와서 보고는 그 기이함을 찬탄하고 시를 지어 읊었다. 현벽 스님은 뒤에 어디서 입적하였는지 알 수 없다.

【『홍찬법화전』 권3】

仙鶴來儀

釋玄璧。蘇州吳縣人也。住流水寺。常講法華。猛獸毒虫姟[1]精惡賊。頻繁遘遇。未嘗忤其情。守常坐一床。方四尺。未嘗倚臥。每講法華二十餘徧。州咸來聽受。忽有一鶴。從外飛來。於殿下池中。三度含水。噴洒於地。徑詣佛邊。聖僧座上。一立不動。直至講了。然始飛去。如此經年。後乃恒住上堂。即皺翼引前下。講即傾身。隨從法師。或令其舞。即振翮頓足。顧影低頭。乍起乍低。或來或²⁾去。變態殊絕。難以具名。數州文翰之士。莫不偉而同詠。璧後不知所終。【出弘贊第三】

---

1) ㉔ '姨'이 을본에는 '妖'로 되어 있다. 2) ㉔ '或'이 을본에는 없다.

4. 들꿩이 사람의 몸을 받다

계부성桂府城에서 5리쯤 되는 곳에 치산사雉山寺가 있는데, 그 유래는 다음과 같다.

옛날에 한 스님이 이곳에 암자를 짓고 날마다 『법화경』을 독송하여 나중에는 강설도 하게 되었다. 홀연히 꿩 한 마리가 늘 와서 날개를 다소곳이 하고 강설을 듣더니, 제5권을 마치자 다시 오지 않았다. 그리고 8년이 지났다. 산 아래 어느 민가에서 한 사내아이를 낳았는데, 나이 여덟 살이 되어서는 비린 것을 먹지 않고 장난도 치지 않고 꼭 그 스님에게 가서 출가하겠다고 하여 부모가 허락하였다.

그래서 스님이 아이를 목욕시키고 단의袒衣[79]하게 하니, 아이는 기어코 하지 않으려 하였다. 스님이 그 까닭을 물으니, 아이가 대답하였다.

"저는 전생에 꿩이었습니다. 스님의 『법화경』 독송과 강설을 들은 과보로 사람으로 태어났으나 지금도 겨드랑이 아래에 꿩의 솜털이 있어 단의하기가 곤란합니다."

스님이 이 말을 듣고 『법화경』을 주니, 앞의 5권까지는 전에 익힌 대로 읽고 뒤의 2권은 전혀 알지 못했다. 이로부터 산 이름을 치산雉山이라 하고, 절을 지어 산 이름을 따라 '치산사'라고 하였다. 절은 지금도 남아 있다.

【『계살류誡殺類』, 『현응록』】

野雞轉報
桂府城五里。有雉山寺。其始者。昔有一僧。卓菴[1)]此地。日誦法華經。仍能

---

[79] 단의袒衣 : 승복이나 가사를 한쪽(오른쪽) 팔이 드러나도록 입는 것을 말한다.

講說。忽有一雉。常來伏翼聽受。終第五卷。雉即不來。後八年。山下民家。生一男子。年始八歲。不葷不戲。堅欲投其師出家。父母聽之。一日僧浴。令兒淨背。堅不肯袒[2)]衣。僧問其故。答曰某前身即雉也。因聽師講誦故。報爲人。今[3)]腋下。猶有雉毳。故不袒也。僧因授是經。前五卷。覽同舊習。後二卷。則不能也。從此山以雉名。因山置寺。寺猶存也。【此本出戒殺類。見現應錄。】

---

1) ㉒ '菴'이 을본에는 '庵'으로 되어 있다. 2) ㉒ '袒'이 갑본에는 '祖'라고 되어 있다. 이하 동일. 3) ㉒ '今'이 을본에는 '슈'으로 되어 있다.

5. 병의 물이 저절로 가득 채워지다

승정僧定 스님은 어디 사람인지는 자세히 알 수 없다. 강양江陽 선중사禪衆寺에서 즐겨 『법화경』을 독송하였는데, 독송하는 목소리가 조심스럽지 못하여 세속의 곡조로 흐르기 일쑤였다. 그러나 여러 하늘의 동자들이 감복하여 그를 위해 시중을 들어 주었다.

어느 땐 술에 취해 누웠는데, 법의法衣가 벗겨져 저절로 걷어 올려지고 이불이 덮였으며, 의복에 때가 끼면 빨지 않아도 다시 깨끗한 옷이 되었으며, 오래도록 청결한 향내가 났다. 어떤 때는 물병에 물이 저절로 가득 차기도 하고, 또 어떤 때는 땅이 항상 깨끗이 청소되어 있기도 하였다.

스님은 자면서 침을 잘 흘렸다. 한번은 잠이 깨어 보니까 하늘의 동자가 앞에 앉아 있는데, 온몸이 침에 젖어 있었다. 그는 이때부터 제멋대로 하는 고집을 버리고 계율을 부지런히 닦았다. 훗날 스님이 어디에서 입적하였는지 아는 이가 없었다.

【『홍찬법화전』 권6】

瓶水自滿

釋僧定。不知何許人也。住江陽禪衆寺。誦法華經甚好。聲韻[1]不能謹節。流宕塵俗。然每感諸天童子。爲之給使。有時醉臥。法衣離身。自然卷襞。引被整覆。衣脫[2]塵垢。未暇浣治。乃復取之。久以香潔。或瓶水自滿。或地恒掃淨。定眠喜唾。一時酒醒。見天童子在前。徧身沾[3]唾。自尒折節。遵修戒業。後不知所終。【出弘贊第六】

---
1) ㉱ '韻'이 을본에는 '韻'으로 되어 있다.　2) ㉱ '脫'은 을본에 '服'으로 되어 있다.
3) ㉱ '沾'이 을본에는 '咕'로 되어 있다.

6. 기이한 향기가 널리 퍼지다

청신사 앙가담央阿擔은 서울 서남쪽 풍곡향豊谷鄕에 살고 있었다. 어려서부터 착한 마음을 품고 항상 『법화경』을 독송하고 안락행을 하였으며, 자비심이 많아서 짐승을 타지 않았고, 세상이 늘 허망하다는 것을 마음에 새겼다.

그는 영사令史[80]에 발탁되어 서울에 있는 관청으로 출퇴근하게 되었다. 그러나 독송을 그대로 계속하자니 오가는 길에서 아는 사람들을 만나 인사를 주고받으면 독송을 그만두게 될까 걱정되어 반드시 좁은 골목길로 다니면서 낮은 소리를 내어 기쁜 얼굴로 한 생각도 끊이지 않도록 하였다.

그가 임종할 때에는 기이한 향내와 신이한 기운이 온 마을에 가득 찼고, 10년 뒤에 그의 아내가 죽어 합장하려고 무덤을 파 보니, 다 썩고 오직 혀만이 생생하게 남아 있었다.

【『홍찬법화전』 권8】

異香普熏

清信士央阿擔。[1] 住京城西南豊谷鄕。少懷善念。常誦法華。行安樂行。慈悲在意。不乘畜産。虛幼[2]爲心。名霑令史。往還京省。以誦業相仍。恐路逢相識。人事喧涼。便廢所誦故。所行必由小徑。低聲怡顏。綠念相續。及終之時。感異香殊氣。充於村曲。後十年妻[3]重發。唯舌鮮好。餘皆杇盡。【出弘贊第八】

1) ㉠ '央阿擔'이 『홍찬법화전』(T51, 37c)과 『현응록』(X78, 56c)에는 '史阿誓'로 되어

---

80 영사令史 : 난대상서蘭臺尙書의 속관으로 문서를 처리하는 벼슬.

있다. 2) ㉔ '幼'가 갑본과 을본에는 '幻'으로 되어 있다. 3) ㉔ 을본에는 '妻' 다음에 '亡'이 있다.

7. 경전의 글자에서 빛이 나다

후위後魏의 태자중서자太子中庶子[81]이자 어사중승御史中丞이었던 육재陸載는 본래 오吳나라 사람이었다. 그는 위나라에서 벼슬하였는데, 재주가 있고 농담을 잘하고 성품이 소탈하고 깨끗하였다.

항상 불법에 마음을 두고 『법화경』을 독송하더니, 말년에는 깊은 경지에 도달하여 『법화경』의 글자에서 광채가 나거나 자주 사리舍利가 나오기도 하였다.

【『홍찬법화전』 권6】

經字放光

後魏太子中庶子。御史中承[1)]陸載。本吳人也。仕魏有才。調善談謔。而性愛虛淨。常以佛法爲意。誦法華經。末年精到。經字放光。頻感舍利。【出弘贊第六】

---

1) ㊂ '承'은 『홍찬법화전』 권6(T51, 29b)에 '丞'으로 되어 있다.

---

81 태자중서자太子中庶子 : 태자 수하의 관원으로 황제의 시중과 비슷하게 태자를 가까이 모시면서 고문 역할을 했던 직책.

8. 짐새의 독도 효력이 없어지다

법상法相 스님은 하남河南 사람이다. 동진東晋의 의희義熙 연중(405~416)에 갑자기 무상함을 깨닫고 초연히 속세를 떠나 한가한 곳에 들어앉아서 친구도 만나지 않고 밤낮으로 『법화경』을 독송하여 잠시도 쉬지 않았다.

스님이 일찍이 태산泰山의 사당을 지나다가 날이 저물어 사당 옆의 민가에서 하룻밤 묵게 되었다. 밤에 일어나서 『법화경』을 외우는데 갑자기 문 두드리는 소리가 들렸다. 스님이 나가 보니, 검은 옷에 무인의 관을 쓴 사람이 서 있다가 스님을 보자 공손히 예를 하고 나서 말하는 것이었다.

"저는 태산부군인데, 스님이 『법화경』을 읽으시기에 들으러 왔습니다. 저의 사당 안에 돌로 된 함이 하나 있는데, 제가 그 속에 재물을 많이 넣어 두었습니다. 스님께 보시하겠으니 열어서 가져가십시오."

스님이 사당 안으로 들어가 보니 돌 함이 있었는데, 그 뚜껑의 무게가 1천 균(1鈞은 30근)이나 되어 사람들이 들 수가 없는 것이었다. 그런데 스님이 시험 삼아 들어 보니 어렵지 않게 열렸다. 그래서 스님은 비단 1백 필가량과 돈 1백여 관을 가난한 사람들에게 베풀어 주고, 곤궁에 처해 있는 사람들을 구제해 주었다.

법상 스님은 뒤에 양자강을 건너 월성사越城寺에 가서 머물러 있었는데, 웬일인지 갑자기 지조를 잃고 절도가 없이 방탕하게 돌아다녔다. 이때 진북장군鎭北將軍 사마염司馬恬이 그의 무도함을 미워하여 불러다가 짐새[82]의 독毒을 쐬었다. 그러나 세 병이나 쐬어도 스님은 얼굴빛이나 정신이 전혀 변하지 않고 담담하니 아무렇지도 않았다. 사마염이 크게 놀라

---

82 짐새 : 중국 광동성에 사는 독조毒鳥로, 이 새의 날개로 담근 술(鴆毒)을 마시면 죽는다고 한다.

부끄럽고 두려워 참회하고 항상 스님을 공양하였다.

【『홍찬법화전』 권6】

鳩毒無驗

釋法相。河南人也。東晉義熙中。忽悟無常。超然出俗。廓尒幽閑。不偶朋。執誦法華經。日夜不懈。曾因經行泰山祠。日暮因宿廟側民家。夜起誦經。忽聞扣門聲。相時出看見。有一人。玄衣武冠。見相致敬云。是泰山府君。聞師誦經。故來叅聽。弟子廟中。一石函在多有財物。以布施師。師可開取。其石蓋重過千鈞¹⁾ 人莫勝擧。相試提之。飄然而開。於是取得絹一百匹許。錢百餘貫。以施貧人。濟諸窮者。後渡江。止越城寺。忽然失志。遊宕無度。時鎭北將軍司馬恬。惡其無度。招而鳩之。頻傾三鍾。神色不變。湛然無擾。恬²⁾大異之。慚懼悔愧。每加供養。【出弘贊第六】

---
1) ㉤ '鈞'이 을본에는 '鉤'로 되어 있다.   2) ㉤ '恬'이 을본에는 '括'로 되어 있다.

제9단 「종지용출품」· 「여래수량품」· 「분별공덕품」

1. 경문의 빠뜨린 부분을 꿈에 일러 주다

경릉왕竟陵王 소자량簫子良이 제나라 영명永明 7년(489)에 운부雲副 스님을 청하여 스승으로 삼았다. 운부 스님은 왕과 함께 『법화경』 1천 부를 조성하였다. 왕도 목욕재계하고 『법화경』 1부를 친히 베꼈다. 영명 11년(493년) 4월 그믐께 운부 스님의 꿈에 어떤 사람이 『법화경』 1부를 주면서 말하기를, "경 가운데 틀린 데가 있습니다."라고 했다.

이튿날 스님이 우연히 『법화경』 1부를 얻어 시험 삼아 펴 보았더니, 과연 제5권 「수량품」에 '일진일겁一塵一劫'[83]이라는 부분에 이상이 있었다. 급히 전에 만든 『법화경』 수십 부를 가져다가 펴 보니, 다른 곳에는 이 구절이 빠져 있었던 것이다.

뜻으로 미루어 말하면, 그것은 『법화경』의 지극한 도리에 해당하였다. 그래서 곧 경문을 모두 찾아다가 태웠는데, 이때 흰 학이 날아와서 좋은 상서에 응답하는 듯하였다. 운부 스님은 그 뒤 어디에서 입적했는지 아는 사람이 없었다.

【『홍찬법화전』 권10】

---

83 「여래수량품」의 해당 부분 문장은 다음과 같다. "이 모든 세계의 미진微塵이 떨어진 곳이나 떨어지지 않은 곳을 모두 먼지 가루로 만들어서 그 한 가루(一塵)를 1겁이라고 하여도 내가 성불해 온 것은 백천만억 나유타 아승지겁보다 더 지난다.(是諸世界, 若著微塵及不著者, 盡以爲塵, 一塵一劫, 我成佛已來, 復過於此百千萬億那由他阿僧祇劫.)"(T9, 42b)

冥授補闕

竟陵王簫子良。齊永明七年。請僧雲副。爲善知識。副共王。造法華經千部。王亦澡潔中表。手寫法華經一部。永明十一年四月末。副夢一人送經一卷。云言有誤。明日偶得一部法華。試略披看。遂見第五卷壽量品有一句異云。一塵一劫。于時募集數十部經。悉無此句。即言推義。乃是法華之極致。是以即燒[1]經文。便有白鶴來翔。以應佳[2]瑞。副後不知所終。【出弘贊第十】

---

1) ㉮ '燒'가 갑본에는 '撓'라고 되어 있고, 을본에는 '撐'로 되어 있다. 2) ㉮ '佳'가 을본에는 '嘉'로 되어 있다.

2. 황제가 친히 시험을 보아 통과하다

권적權適[84]은 자字가 지정持正이고, 안동安東 사람이다. 어려서부터 글재주가 있었는데, 정화政和(송 휘종 연호) 연중(1111~1117)에 조공하러 가는 사신으로 송나라에 들어갔다가 국학國學(大學)에 입학하여 갑과甲科[85]에 장원으로 급제하였다.

본국으로 돌아오게 되었는데, 관상가가 그를 보고서, "당신은 재주는 많은데 수명이 짧습니다. 나이는 겨우 40을 넘기지 못하고, 벼슬은 5품에 지나지 않을 것이니, 대승경을 독송하여 수명을 늘리도록 하십시오."라고 말하였다. 그는 마음속으로 그렇게 하겠다고 생각하고서 사흘 동안 『법화경』을 모두 외웠다.

황제가 이 말을 듣고 그를 불러 황제 앞에서 외워 보라고 하였다. 권적이 한 자도 틀리지 않고 외우므로 황제는 크게 기뻐하고 관음상觀音像과 법화탑法華塔을 각각 한 폭씩 주었다.

본국으로 돌아온 권적은 계속해서 『법화경』을 독송하여 장수를 누렸고, 좋은 벼슬을 두루 거쳐 벼슬이 쌍학사雙學士(翰林學士)까지 올랐다.

【『해동전홍록』, 『적본전適本傳』】

帝親試通

權適。字持正。安東府人也。少業文才。政和年中。以賓貢入宋。配國學擢

---

84 권적權適 : 고려 인종 때 학자(1094~1146). 청평산 문수사文殊寺에서 이자현李資玄과 함께 학문을 닦았고, 예종 때 유학생으로 송나라에 가서 태학太學에 들어가 문과에 급제하였다. 예종 12년에 귀국하였다.
85 갑과甲科 : 과거의 문과 복시覆試 합격자에게 전시殿試를 보여 합격자의 성석을 셋으로 나눈 중 최상 등급이다.

爲。甲科第一人。將還本國。相者曰。君才高命短。年不過四十。位不過五品。宜誦大乘經。以資笇祿。公心然之。約三日。了誦法華經。皇帝聞之。呼令前誦。無一字錯。皇情大悅。賜觀音像法華塔各一軸。及還本國。享壽攸久。歷盡淸華。拜爲雙學士。【出海東傳弘錄及適本傳】

3. 수명을 늘려 주고 어깨에 기록해 두다

법랑法朗 스님은 하북河北 무성武城 사람이다.

팽성彭城 정도사淨道寺에 가서 사미가 되어 그때부터 『법화경』을 독송하였다. 어려서부터 늙을 때까지 독송하여 익히는 데 게을리 하지 않았다.

53세가 되던 수나라 개황開皇 13년(593)에 죽었는데, 이레 만에 염라대왕을 만났다. 대왕 앞에는 여섯 도인이 있었는데, 대왕이 첫 번째 스님에게 묻는 것이었다.

"그대는 어떠한 덕업을 지으셨습니까?"

스님이 대답하였다.

"예, 『유마경』을 독송했습니다."

이에 대왕은 "남쪽으로 가 서 있으시오."라고 말하였다.

다시 두 번째 스님에게 물었다.

"그대는 어떠한 업을 행하였습니까?"

"저는 『열반경』 10권[86]을 독송했습니다."

그러자 왕이 역시 남쪽으로 가 서 있으라고 하였다.

세 번째 스님에게 물었다.

"그대는 어떠한 업을 행하였습니까?"

---

[86] 『열반경』 10권 : 현진하는 『열반경』 중 10권으로 된 것은 없다. 열반경류로는 소승열반경과 대승열반경이 있다. 소승열반경의 번역본으로는 『불반니원경』과 『대반열반경』이 있으며, 대승열반경으로 대표적인 것은 세 종류가 있다. 첫째는 동진東晋의 법현法顯이 번역한(418년) 6권본 『대반니원경』이고, 둘째는 북량北凉의 담무참曇無讖이 번역한(421년) 40권본 『대반열반경』으로 '북본北本 열반경'이라 하고, 셋째는 남송南宋 때 혜엄慧嚴·혜관慧觀 등이 북본에 의지하여 법현의 『대반니원경』과 대조해 가면서 다시 번역한 36권본 『대반열반경』으로 강남 지방에서 번역되었다 하여 '남본南本 열반경'이라 한다. 후대에는 '남본'이 주로 유통되고 연구되었다.

"저는 『금광명경』을 독송했습니다."

왕은 역시 남쪽으로 가 서 있으라고 했다.

왕이 다시 네 번째 스님에게 물었다.

"저는 『열반경』을 강설하였습니다."

왕은 서쪽으로 가 서 있으라고 하였다.

다섯 번째 스님에게 물으니, "저는 『십지론』을 강설하였습니다."라고 답하자, 왕은 눈살을 찌푸리며 말하였다.

"북쪽으로 가 서 있으시오."

여섯 번째 법랑 스님에게 물었다.

"어떠한 업을 행하였습니까?

"『법화경』을 독송했습니다."

그러자 왕이 말하였다.

"동쪽으로 가 서 계십시오."

왕은 여섯 스님에게 묻는 것을 마치자, 사람을 시켜 북쪽에 있는 사람은 지옥도地獄道로 데려가게 하고, 서쪽에 서 있는 자는 축생도畜生道를 받게 하고, 남쪽에 있는 세 스님은 인도人道로 데려가게 하였다. 다음 법랑 스님은 천도天道로 데려가서 그 태어날 곳을 보게 해주고 나이를 85세로 늘려 집으로 돌려보내 주었다.[87]

---

[87] 이상에서 여섯 도인이 닦은 덕업으로 각각 다른 세상에 태어나는 과보를 받았다고 하였다. 그런데 내용을 살펴보면, 『홍찬법화전』이나 『법화영험전』을 편찬할 당시의 불교관이 상당히 반영되어 있는 듯하다. 우선 수행 유형으로 독송과 강설을 언급하였는데, 독송자는 인간계나 천상에 태어나고, 강설자는 축생이나 지옥에 태어난다고 하였다. 이것은 두 가지 중 '독송'을 우위에 두어 더욱 권장하려 했던 의도로 보인다. 다음에 수행의 대상으로 삼았던 경전을 보면, 『법화경』을 천상계에 배대하고, 『유마경』·『열반경』·『금광명경』을 인간계에, 그리고 『십지론』을 지옥계에 배대하였다. 이렇게 하여 여러 경론 가운데 『법화경』이 최상이라는 것을 드러내고자 한 것임을 알 수 있다. 그러나 실재로 이러한 배열은 천태의 오시교판과 일치하지도 않으며, 또한 법화우월론의 경우도 천태종의 6조인 형계 담연에 이르러 확립되어 천태 지의의 입장을 바르게 천명한

법랑 스님은 천궁에서 돌아오자 갑자기 깨어났는데 왼쪽 어깨 위에 '85세'라는 붉은 글자가 은은히 나타나 보였다.

【『홍찬법화전』 권7】

賜壽題肩

釋法朗。河北武城人也。住彭城淨道寺。爲沙彌時。誦法華經。自少至老。誦習無懈。至年五十三。開皇十三年死。經七日。見閻羅王。王前有六道人。王問初一僧。有[1]何德業。初人答誦維摩經。王曰度南邊立。問第二僧。有何行[2]業。答誦涅槃經十卷。王曰亦南邊立。問第三僧。有何德業。答誦金光明經。王曰亦南邊立。問第四僧。答講涅槃經。王曰度西行立。問第五僧。答講十地論。王斂眉而言。度北行立。第六問法朗云。有何行業。答誦法花經。王曰度東行立。王問第六僧竟。遣人領北行立者。向地獄道。領西行立者。向畜生道。領南行三僧。向人道。次語法郞。領往天道。令見其生處。可放還家。賜壽八十五歲。朗從天宮。還忽然而活。看左臂上。隱隱有赤字。作八十五歲字。【出弘贊第七】

---

1) ㉑ '有'가 을본에는 없다. 2) ㉑ '行'이 을본에는 '德'으로 되어 있다.

것이라고도 할 수 없다. 따라서 이러한 이야기의 구성은 법화영험담을 설한다는 의도를 충분히 감안한다 하더라도 지나치게 편협하다는 느낌을 피할 수 없다.

4. 병에 맞게 약을 주다

청신녀淸信女 장씨章氏는 수隋나라 우광록대부右光祿大夫(궁중 고문) 진릉陳陵의 아내였다. 그는 『법화경』을 독송하였는데, 몸이 쇠약하여 오래 독송하지 못하는 것을 늘 안타깝게 생각하였다.

어느 날 밤 꿈에 한 스님이 노란 약 한 사발을 가지고 와서 먹으라고 하였다. 장씨가 약을 받아 마시니, 잠시 후에 배가 아파 놀라 깨었다. 복통이 더욱 심해지고 이내 노란색 설사를 했다. 꿈에 본 약 빛깔과 똑같았다.

설사가 멎고 아픈 것도 없어지더니, 그때부터 몸이 아주 건강해져서 항상 『법화경』을 독송할 수 있었다. 밤낮으로 한 번을 독송하였는데도 다시는 피곤해지는 일이 없었다.

【『홍찬법화전』 권7】

應病授藥

淸信女章氏。隋右光祿大夫陳陵妻也。誦法華經。每恨四體羸乏。不堪久誦。忽夢僧持一梡藥。作黃色 來在章前。與之令服。章服已。經小時。因腹痛驚覺。腹痛旣甚。須臾下痢。純作黃色。似夢所見。痢竟所患都差。自後四體休健。常能讀誦。日夜一徧。無復困極也。【出弘贊第七】

5. 관상가가 이미 정해 주었는데 어찌 더 살기를 기약하랴

유홍인劉弘仁은 18세 때 국자감 학생(國子學生)에 뽑혔다. 하루는 뜻이 맞는 친구들 10여 명과 함께 관상 보는 사람을 찾아가 길흉상을 봐 달라고 하였다. 관상가가 한 사람 한 사람 그 부귀해지고 빈천해질 때라든가, 요절하고 장수하는 수명의 날짜까지를 모두 말해 주었다. 홍인에게는, "나이 51세가 되면, 그해 4월 11일에는 반드시 죽을 것이오."라고 하였다.

홍인은 51세 당시에 소주蘇州 가흥현嘉興縣의 현령이었다. 함께 관상을 보러 갔던 나머지 아홉 사람들은 말한 대로 화와 복이 조금도 틀리지 않았고, 홍인도 18세 이후 지금까지 길흉이 그대로 들어맞았다. 홍인은 이제 51세가 되었으니 틀림없이 죽을 것이라고 생각하고, 4월 1일에 소주로 가서 여러 관원과 작별 인사를 하였다.

이때 한왕韓王 원가元嘉가 소주 자사蘇州刺史였는데, 그 까닭을 묻게 되었다. 홍인이 지금까지의 사실을 모두 이야기하니, 한왕이 말하기를 복을 닦으라고 하였다.

4월 8일 마침내 홍인이 병이 들어 매우 위독해졌다. 한왕이 여러 절의 스님들을 청하여 홍인을 위해 『법화경』 1천 번을 독송하도록 하였는데, 11일에 이르러 1천 번의 독경을 모두 마쳤다. 여러 스님들이 또 홍인을 위해 다시 『법화경』 1백 번을 독송하였다. 그랬더니 홍인이 땀을 흠뻑 흘리고는 병이 모두 나았다. 평소와 같이 회복하니, 복력이란 진실로 헤아릴 수 없는 것임을 알고 믿게 되었다.

【『홍찬법화전』 권9】

相師已定豈期延壽

劉弘仁。年十八時。任國子學生。與同志十人。於相師處。求相吉凶。相師皆剋其富貴貧賤之時。夭壽年月之數。謂弘仁曰。年至五十一。其年四月十一日必死。弘仁時任蘇州嘉興縣令。其餘九人。皆如相師之說。禍福不差。及弘仁十八已來。吉凶皆驗。至今正年五十一矣。自度至期必死。以四月一日。遂詣州。與諸官僚取訣。時韓王元嘉。爲蘇州刺史。問其所由。弘仁具陳其事。王敎之修福。弘仁至四月八日。遂即遇疾甚篤。王請諸寺僧尼。爲弘仁。轉法華經一千徧。至十一日。轉經數畢。諸僧又爲弘仁。更讀一百遍。弘仁流汗霂[1]霂。所患都愈。平復如常。信知福力。誠不可量也。【出弘贊第九】

---

1) ㉑ '霂'이 을본에는 '霂'으로 되어 있으나, '霂'인 듯하다.

6. 천제가 도리천으로 초청하는 것을 물리치고 서방정토로 가다

발징跋澄 스님은 어려서 출가하였는데 정신이 몹시 우둔하였으나 오랫동안 채식만 하고 재계하였다. 25세 때 발심하여 『법화경』 독송을 하며 서방정토에 태어나기를 소원하였다. 하루에 한 줄 또는 반 게송씩을 외웠는데, 어떤 때는 전혀 외우지 못하기도 하였다. 나이 80이 되더니 비로소 근기가 날카롭게 통했다.

하루는 잠시 잠이 들었는데, 꿈에 붉은 옷을 입고 무관의 모자를 쓴 사람이 청하는 글(請疏)을 가지고 와서 펴 보이며 말하였다.

"천제께서 저를 보내 모시고 오라고 하셨습니다."

"빈도貧道는 서방에 왕생하는 것을 발원하고 있으니, 도리천이 비록 좋은 곳이긴 하더라도 빈도가 소원하는 것과는 맞지 않습니다."

이와 같이 스님이 말하자 붉은 옷을 입은 사람이 그대로 가 버렸다.

잠에서 깨어난 스님은 여러 제자들을 불러 꿈에서 본 일을 이야기했다. 이튿날 밤에 또 꿈을 꾸었다. 칠보로 된 부도가 있고, 스님 자신은 5층 위에 올라앉아 있었다. 서쪽을 바라보니 보배 줄로 된 계단 길이 끝이 없는데, 두 금강역사金剛力士가 손에 금강저金剛杵를 쥐고 양쪽 곁에 서 있고, 여러 청의 동자靑衣童子가 흰 불자拂子를 가지고 계단 길을 청소하고 있었다.

스님이 동자에게 말하였다.

"여기가 어디인가?"

그러자 대답하였다.

"서방정토입니다. 보배 줄로 된 계단 길로 법사님을 모시러 왔습니다."

스님이 잠에서 깨어 여러 제자들에게 꿈 이야기를 하고 말하였다.

"너희들은 내 삼의三衣와 육물六物[88]을 팔아서 재齋 올릴 준비를 하라."

스님이 이르는 대로 모든 것이 마련되었는데 재齋에 앞서 스님이 대중에게 물었다.

"1천 부처님이 보이느냐, 보이지 않느냐?"

대중들이 보이지 않는다고 하니, 스님이 다시 물었다.

"이상한 향기가 나지 않느냐?"

대중들이 "좋은 향기가 납니다."라고 하니, 스님은 단정히 앉아 정념正念하고 입적하였다.

【『홍찬법화전』 권6, 『현응록』】

天帝相邀[1] 却向西方

釋跋澄。少出家。精神暗鈍。而長齋蔬食。年二十五發心。誦法華經。願生西方。日誦一行。或至半偈。或都不得。年登八十。方始通利。後因眠息。夢見一人。著朱衣武冠。手抱請疏。開示澄云。天帝遣來奉請。澄答云。貧道願生西方。且忉利天。雖是勝處。然不稱貧道所願。朱衣人。於是即去。睡覺召諸弟子。述向所夢。明日又夢。七寶浮圖。澄身居五層上。向西望見。寶繩階道。無有涯際。有二金剛執杵。在兩廂立。數箇靑衣童子捉白拂。拂此階道。問童子云。此是何處。答云此是西方。寶繩階道。來迎澄法師。睡覺述斯。以語諸弟子云。汝可貿吾三衣六物。作一供齋。依語營辦。齋前問大衆云。見千佛以不。衆云不見。復問聞非常香氣以不。衆云咸聞。於是端坐正念而終。【出弘贊第六及現應錄】

1) ㉮ '相邀'이 을본에는 '邀相'으로 되어 있다.

---

88 삼의三衣와 육물六物 : 삼의는 승려가 입도록 되어 있는 세 가지 옷으로 승가리僧伽梨(가사)·울다라승鬱多羅僧(상의)·안다회安陀會(내의)를 말한다. 육물은 승려가 지니도록 허용된 여섯 생활 필수품으로, 앞의 세 가지 옷과 발우·녹수낭漉水囊(물을 걸러 벌레를 제거하는 기구)·이사단尼師壇(깔개)이다.

법화영험전 하권
| 法華靈驗傳 卷下 |

관식 사문 요원 지음
觀識沙門 了圓錄*

* ㉠ 지은이의 이름은 편자가 보충해 넣었다.

7. 호주湖州의 천하상좌

　스님은 본명이 포옥抱玉이고, 오흥吳興 사람이다. 어머니 매씨梅氏가 스님을 잉태할 때 신령스러운 상서가 있은 후로는 냄새나는 채소(辛菜)를 싫어하였다. 이를 갈 나이(齔歲¹)가 되자 총지惣持 비구니²의 법화사法華寺에서 출가하여 『법화경』 외우기를 발원하더니, 석 달 만에 통달하여 날마다 7부를 다 독송했다. 스님은 20세 때 서울로 가서 계를 받았다.

　이에 앞서 숙종 황제가 밤에 꿈을 꾸니, 오나라 승려가 『법화경』을 독송하는데 입에서 오색 빛이 나오고, 그 목소리가 맑고도 고왔다. 이튿날 아침 황제는 영을 내려 서울 안에 있는 승려로서 『법화경』을 외울 줄 아는 사람 2백여 명을 대궐 안으로 불러들여 보았으나 모두 꿈에 보았던 그 스님이 아니었다. 이때 포옥은 마침 관문關門(성으로 출입하는 문)으로 들어오는데 관령關令이 먼 곳에서 여기에 온 까닭을 물었다.

　"나는 『법화경』을 잘 독송합니다. 그래서 계戒를 받으러 왔습니다."

　관령이 황제에게 아뢰자 황제는 곧 그를 불러들여 보고는, "내가 꿈에 본 그 사람의 음성과 용모가 흡사하다."라고 하면서 전각으로 오르게 하여 자리를 내주고, 『법화경』을 독송해 보라고 하였다.

　스님이 독송하여 「수희공덕품」에 이르자, 포옥의 입에서 오색 빛이 뻗어 나오므로 황제는 크게 기뻐하고, "내가 꿈에 본 사람이 바로 이 사람이다." 하였다.

　독송이 끝나자 황제는 칠보 석장을 하사하고 새로이 향단을 차리고 스님에게만 수계한 다음 대광大光이라는 법명을 내리고, 천하상좌天下上座에

---

1 츤세齔歲 : 배냇니가 빠지고 간니가 날 나이를 일컫는다.
2 총지惣持 비구니 : 양 무제의 딸이면서 보리달마의 제자가 되었다고 한다. 전기는 알려져 있지 않으며, 제자가 아니라는 설도 있다.

봉하여 천복사千福寺에 있게 하였는데, 스님의 독송하는 소리가 널리 퍼져서 늘 황제에게도 들렸다.

스님은 또 남전藍田의 정사精舍에도 있었는데, 이 절 스님의 꿈에 천상계의 동자가 내려와 하는 말이, "대광 스님의 경 읽으시는 소리가 유정천有頂天[3]까지 들려옵니다. 그분은 예사 분이 아니십니다."라고 하였다. 이 무렵 모두들 스님을 양나라 때 비구니 총지의 후신이라고 했다.

뒤에 스님은 황제에게 청하여 오흥吳興으로 돌아와 있었다. 이때 이신李伸이라는 사람이 오흥의 자사刺史로 있었는데, 하루는 술이 취하여 지경도량持經道場에 쓰러져 자다가 밤에 깨어 보니, 흰빛이 대광 스님의 방안에 가득했다. 이상하게 생각하고 문틈으로 스님의 방안을 들여다보니, 스님이 연좌宴坐[4]하여 경을 독송하고 있는데 독송하는 소리가 멎자 빛도 따라서 거두어졌다.

이신은 본래 불교를 깊이 믿지는 않았지만 대광 스님을 깊이 공경하여 친히 비문을 지었으니, 제목을 '묵조지경대덕신이비문墨詔持經大德神異碑文'이라 하였다. 전에 처음 스님이 황제에게 글을 올려 오흥으로 돌아가기를 청했을 때 황제가 묵조墨詔(임금이 직접 쓴 조서) 한 통을 내렸기 때문이다.

湖州天下上座

師本名抱玉。吳興人也。母梅氏。孕恊靈祥。即惡薰穢。旣誕乾[1])歲。於尼惣持法華寺出家。願誦蓮經。三月通貫。日持七部。年登二十。詣京受戒。時肅宗皇帝夜夢。吳僧誦法華經。口出五色光。其[2)]音清亮。洎翌旦。勑京城

---

3 유정천有頂天 : 유형세계(有)의 가장 꼭대기(頂)이므로 색계 제4천 색구경천色究竟天을 말한다. 또는 삼계의 최정상으로서 무색계無色界의 제4천인 비상비비상처천非想非非想處天의 별명이기도 하다.
4 연좌宴坐 : 연좌燕坐라고도 하며, 몸과 마음을 고요하게 머물러 선정에 드는 것으로 좌선坐禪을 말한다.

僧能誦法華者。二百餘人。竝入禁中。帝視之。皆非所夢者。其時抱玉方入關。關³⁾令問其遠來之意。答云善誦蓮經。特來受戒也。令奏帝卽降旨召見。帝曰⁴⁾朕所夢者。音容宛若。遂令上殿。賜座誦經。至隨喜功德品。口角放五色光。帝大悅曰。朕夢中所覩之卽此也。經纔訖賜七寶湯。⁵⁾令別築香壇。專爲受戒。賜名大光。封天下上座。勑居千福寺。玉梵音遍滿。常通帝聽。又別居藍田精舍。寺僧夢天童來降告言。大光經聲。通于⁶⁾有頂。非聊尒人也。時衆咸謂。師卽梁朝尼摠持後身。後乞歸吳興。時李伸刺于吳興。醉於持經道場。夜醒忽見白光滿室。往覘光公。宴坐持經。光起面門。經聲向息。光亦隨歛。李相素⁷⁾於空門。寡信而篤敬於師。親著碑文。題曰墨詔持經。大德神異碑文。初師上表。乞歸吳興。帝賜墨詔一道。

---

1) ㉠ '虔'이 을본에는 '虗'으로 되어 있다. 2) ㉠ '其'는 갑본과 을본에 '具'로 되어 있다. 3) ㉠ '關'은 을본에 '閉'로 되어 있고, 관주에서 '閉'는 '關'인 듯하다고 한다. 4) ㉠ '田'이 갑본과 을본에는 '曰'로 되어 있다. 5) ㉠ 을본의 관주에서 '湯'은 '錫'인 듯하다고 한다. 6) ㉠ '于'가 을본에는 '干'으로 되어 있다. 7) ㉠ '素'는 을본에 '索'으로 되어 있다.

제10단 「수희공덕품」·「법사공덕품」

1. 무덤에서 연꽃이 피어나다

소흥紹興 말년(1162)에 명주明州 봉화현奉化縣에 조씨趙氏라는 사람이 살고 있었는데, 그의 어머니 안씨安氏는 부처님을 존중하여 늘 재계하고 『법화경』을 독송하였다.

시중 드는 여인이 매번 몰래 그 독송을 들은 지 오래되니, 어느 날 갑자기 "청련화 향기, 백련화 향기, 꽃나무 향기, 과일나무 향기"[5]의 네 구절을 기억하게 되었다. 이로부터 여인은 무슨 일을 할 때나 가만히 앉아 있을 때나 항상 그 네 구절을 끊임없이 흥얼거렸다. 남들이 보고 웃음거리로 삼았으나 그녀가 마음 쓰는 데가 따로 있는 것을 알지 못하였다.

그런데 하루는 그 여인이 어떤 일을 하다가 주인의 뜻을 어겼으므로 주인이 혹독한 형벌을 가하여 그만 죽어 버려서 그 시체를 후원에 묻어 버렸다. 그랬더니 얼마 후 그 위에 푸른 연꽃 한 송이가 우뚝 나와서 향기와 빛이 아주 좋았다.

그러나 다른 사람들은 아무도 그 까닭을 알지 못하고 안씨 혼자만 짐작하고 있었다. 네 구절의 경문을 독송한 감응이 이와 같이 뚜렷하므로 안씨는 그녀의 덕을 더 이상 숨기지 못하고 비밀히 허당 법사虛堂法師 본공本空에게 밝히니, 본공은 매양 이 사연을 들어 사람들을 깨우쳐 주었다. 내가 일찍이 들은 말을 여기에 대강 기록해 둔다.

【『현응록』】

---

5 「법사공덕품」 제19에 나오는 구절이다.(T9, 48b)

埋卽生蓮

紹興末。明州奉化縣。有姓趙人。其母安人。重佛齋戒。誦法華經。房下有一女。使每竊聽久久。忽記得四句。所謂靑蓮花香。白蓮花香。花樹香。菓樹香。自此動靜施爲。常吟詠不絕。人聞之謂爲笑語。殊不知此女亦有用心處。一日作事乖主意。稜[1]遲至死。遂以其屍。潛瘞後園。異時忽於其上。秀出靑蓮花一朶。香色可愛。餘人不知其由。獨安人默而識之。盖所誦四句經。感應之如是也。安人復不匿其德。密說與虛堂法師本空。空每擧似。[2]化人宗曉。甞親聞其說。聊記于此【出現應錄】

---

1) ㉑ '稜'이 을본에는 '陵'으로 되어 있다.　2) ㉑ '似'가 을본에는 '以'로 되어 있다.

2. 혀가 경전을 외우다

선비였던 양난급楊難及은 옹주雍州 만년현萬年縣 사람이다. 어려서부터 지조가 있었는데 나이 50세가 되자 불교에 뜻을 두어 법성 법사法誠法師가 덕이 높다는 말을 듣고 마침내 법사를 스승으로 섬겼다. 법사는 그에게 『법화경』을 가르쳐 주었는데 몇 달 안 되어 환하게 통달하였다. 밤을 새어도 피로한 줄 모르며 온갖 일을 다 하면서도 『법화경』을 독송하는 소리가 끊이지 않았다.

후에 그는 아무 병도 없이 갑자기 죽어 화장을 했더니 해골과 혀만은 타지 않고 남았다. 법성 법사가 거두어 돌함에 넣어서 법화당法華堂[6] 안에 두고 때때로 공양하였는데, 가끔 돌함 안에서 경 외우는 소리가 들렸다. 돌함이 진동하고 말소리가 또렷또렷하여 듣는 사람들이 모두 두려워하고 공경하였다. 『법화경』을 받아 지닌 힘으로 생긴 일이었다.

【『홍찬법화전』 권8】

舌常諷典
俗士楊難及。雍州萬年縣人也。幼而耿介。年將知命。方祈妙典。聞法誠法師有道。遂師事焉。誠乃授以法華。數月之間。悉得通利。曉夜忘疲。雖涉衆務。其聲不輟。於後無疾。奄然而終。終後焚燒。髏舌獨存。試收藏之石函。置法華堂。時加供養。屢聞函內諷誦之聲。振動石函。詞句明了。聞者敬悚。知受持之力焉。【出弘贊第八】

---

6 법화당法華堂 : 법화삼매당法華三昧堂을 줄인 말이며, 법화삼매를 수행하는 곳이다.

3. 기와가 연꽃으로 변하여 세속 사람들을 경계하다

혜초慧超 스님은 단양丹陽 건원현建元縣 사람이다. 어려서부터 원대한 생각을 가지고 『법화경』 독송을 업으로 삼고 있었다. 그런데 나라에서 금지령을 내려 승려들을 엄중히 탄압하니, 스님은 기왓굴 속에 숨어서 여러 해를 지내다가 뒤에 금지령이 없어져 자유롭게 되자 기왓굴 주인을 찾아가서 말하였다.

"빈도가 이 안에서 『법화경』을 천여 번이나 독송했으니 깨끗이 소제하여 공양하시고, 다시 기와 굽는 데 쓰지 마시오."

그러나 주인은 그의 말을 믿지 않고 수리하여 전과 같이 기와를 구웠는데 꺼내 보니 모두 연꽃 모양으로 변하여 사방의 벽에 덮여 있었다. 원근의 사람들이 보고서는 다 감탄하며 기이하게 여겼다.

또 혜초 스님이 일찍이 절에서 『법화경』을 독송하고 있는데 사나운 짐승이 와서 들었다. 스님이 그들에게 계를 설해 주니, 마치 집에서 기르는 개처럼 온순해졌다. 스님이 "단월檀越[7]은 이제 돌아가시게." 하니, 맹수는 순순히 가 버렸다. 스님이 이승과 저승을 다 감동시킨 것은 일일이 다 기록할 수가 없을 정도였다.

뒤에 병이 들어서 위독해지자 제자들이 눈물을 흘리고 슬퍼하니, 혜초 스님은 "오래 산다고 기뻐할 것도 없고 일찍 죽는다고 슬퍼할 것도 없다."라고 하고는 서쪽을 향하여 단정히 앉아 조용히 숨을 거두었다. 나이 77세, 무덕武德 5년(622) 12월 6일이었다.

문인 중에 좋은 생각을 가지고 있는 이가 있어서 역시 『법화경』을 1만

---

7 단월檀越 : 단가檀家라고도 하며, 육바라밀의 한 덕목인 보시를 행하는 시주施主를 말한다. 여기서는 신도信徒를 가리킨다.

여 번이나 독송했는데, 임종하는 날 번幡과 하늘 꽃이 하늘에서 분분히 떨어지고 하늘의 음악이 요란히 들려왔다. 절에 있던 여러 스님들이 모두 보고 들었다. 또 스님은 연화대가 맞으러 온 것을 보고 단정히 서서 합장하고 입적하였다. 사방에서 수없이 많은 사람들이 구경하러 모여들었다.

【『홍찬법화전』 권8】

窰瓦便作蓮花而警俗

釋慧超。丹陽建元人也。少[1]有遠量。誦法華經。以爲恒業。甞遇法令嚴峻。禁勒沙門。超潛伏瓦窰。綿歷多年。後時難廓淸。拂衣而去。告窰主曰。貧道此中誦法華經。已千餘遍。可洒掃供養。勿更用之。其人不信。乃修舊貫。所燒之瓦。遂變作蓮花之形。周植四壁。遠近見者。咸歎異之。又甞在寺誦經。有一猛獸來聽。超兼爲受戒。略如家犬。語曰。檀越好去。即依言而返。感徹幽明。難以具記。後臥疾弟子流涕。超曰長生不欣。夕死不慼。乃面西而坐。奄然長往。年七十有七。即武德五[2]十二[3]月六日也。有門人善思者。亦誦法華。萬有餘徧。臨終之日。幡花音樂。紛聆空際。在寺僧衆。咸悉見聞。又自見花臺迎之思。乃端然拱立。合掌而化。遠近觀者。如堵墻焉。【出弘贊第八】

1) ㉮ '少'가 을본에는 '作'으로 되어 있다. 2) ㉠ 『홍찬법화전』 권8에는 '五' 다음에 '年'이 있다.(T51, 35c) 3) ㉮ '二'가 갑본에는 '三'으로 되어 있다.

4. 함에 든 경전이 건초단으로 되어 물에 빠진 중생을 구하다

의봉儀鳳 연간(676~679)에 여주汝州 양현梁縣 북촌에 사는 유씨劉氏의 아들이 고구려[8] 정벌의 군사에 종군했다가 붙잡혀 종이 되었다. 요해遼海 동쪽 기슭에서 말을 먹이고 있었는데 하루는 밤이 되어 돌아와 잠자리에 드니, 꿈에 한 스님이 그를 불러서 바다로 들어가 함께 집으로 돌아가자고 했다. 이러한 꿈은 한두 번이 아니었다.

유씨의 아들은 스스로 생각하기를, 이러한 신세가 죽은 것과 무엇이 다르겠는가 하였다. 이러한 꿈을 자주 꾸자 마침내 바닷물에 몸을 던지고 말았다. 그런데 물속에서 국화꽃 한 단을 붙잡게 되어 이것을 끌어안고 파도를 따라 흘러갔다. 얼마를 떠돌다가 바다를 건너 서쪽 해안에 닿아 있었다.

뭍에 올라 한참을 가다가 문득, '그 국화꽃 단이 나의 목숨을 구해 주었다'라고 생각하고 되돌아가서 그 풀단을 풀어 헤쳐 보았다. 풀단 속에서 『법화경』 제6권이 나왔다. 그는 기이하게 생각하고 그 『법화경』을 가지고 집으로 돌아왔다.

그의 아버지 유씨 노인은 아들이 종군하여 영영 소식이 없으므로 『법화경』 한 질을 정성을 다해 베껴 쓰고 모든 일을 엄숙하고 깨끗하게 하였다. 아들이 돌아오자 부자는 서로 붙잡고 한편으로는 서러워하면서도 한편으로는 기뻐했다. 아버지는 아들이 돌아온 것이 하도 신기하여 어떻게 돌아왔느냐고 물었다. 아들이 돌아오게 된 연유를 자세히 말하니, 그 아버지

---

[8] 고구려 : 원문에 '高麗'라고 되어 있으나, 의봉儀鳳 연간(676~679)은 고려 건국(918) 이전이므로 '고구려'로 보아야 한다.

는 함께 정사로 갔다. 『법화경』을 넣어 둔 함지를 열어 보니, 제6권 한 질이 없었다. 그래서 아들이 바다에서 얻은 『법화경』을 가져다가 맞추어 보니, 과연 아버지가 그 아들을 위해 만든 것이었다. 종이며 먹이 똑같은 것이 틀림이 없었다.

【『홍찬법화전』 권10】

函經化爲草束而拯生

儀鳳年。汝州梁縣北村。劉氏男。從征東討高麗。沒爲奴。於遼海東岸牧馬。因而寢睡。屢夢有一僧。喚令入海。共汝歸家。若此非一。劉氏子自惟。漂落與死莫殊。頻感斯夢。遂投身海浦。於水中抱得菊草一束。隨波漂流。浮渡海西。至于岸上。行餘一里。思念此草。能濟吾身命。却廻取草。解束曝之。乃於其中。得法華經第六卷。遂持還。其父劉老。先綠子沒蕃。遂爲造法華經一部。書寫淸淨。每事嚴潔。及見子到。相持悲慶恠。問所由。子具說前事。父子遂共。於精舍中。開視經函。乃欠第六一卷。驗其子海中得者。果是其父爲子所造之經。紙墨僉同。宛然符會。【出弘贊第十】

5. 한 번 통달하여 다시 잊지 않다

청신사 사지장謝智藏은 옹주雍州 남전藍田 사람이다. 그는 비록 농가에서 살고 있었지만 항상 오계五戒를 굳게 지켰다. 이런 인연으로 잠시 고을 아래 갔을 때 절에서 어떤 스님을 보았는데, 『법화경』을 강설하고 계셨다. 제6권에 이르러 『법화경』을 받아 가지면, "눈·귀·코·혀·몸·마음의 공덕이 크다."[9]라는 대목에 이르러 곧 발심하고 집으로 돌아가서 날마다 제1권을 외웠다. 어떤 일을 할 때를 빼고는 잠시도 중단하지 않았다. 그는 마음속으로 더 나아가서 제2권, 제3권도 계속해서 배우기를 원했으나, 멀리 외진 시골에 있어서 가르쳐 줄 사람이 없어 훌륭한 스승을 만나기만을 바라고 있었다.

몇 해가 지났다. 홀연 한 스님이 나타나 그의 문을 두드렸다.

"여보시오, 먹을 것이 있거든 주십시오."

지장은 흔연히 집에 있는 대로 법에 따라 공양하였다. 스님은 음식을 다 먹고 나서 지장에게 말하였다.

"그대가 『법화경』을 받아 지니고 싶거든 본래의 경을 가져오시오."

지장은 크게 기뻐하였다. 깊이 소원해 오던 바라 곧 그의 가르침을 받았는데 한 번 가르쳐 준 것은 잊지 않았다.

강설이 끝나자 스님은 갑자기 사라져 버렸다. 지장은 몹시 서운하여 낙심했으나 그가 신인神人인 줄은 몰랐다. 스승이 사라지고부터 기이한 향

---

9 『법화경』 권6 「법사공덕품」 제19의 해당 내용은 다음과 같다. "만일 선남자·선여인이 이 『법화경』을 받아 지니거나 해설하거나 베껴 쓴다면, 이 사람은 마땅히 8백 가지 눈의 공덕과 1천2백 가지 귀의 공덕과 8백 가지 코의 공덕과 1천2백 가지 혀의 공덕과 8백 가지 몸의 공덕과 1천2백 가지 마음의 공덕을 얻으리라. 이 공덕으로 육근을 장엄하여 모두 청정하리라."(T9, 47c)

내가 며칠 동안 없어지지 않았다.

【『홍찬법화전』 권8】

經一通而更不忘
淸信士謝智藏。雍州藍田人也。雖處田家。恒持五戒。因緣暫至縣下。見寺中有沙門。講法華經。至第六卷持經。眼耳鼻舌身意功德。乃即發心歸家。誦持第一卷。除人事外。不曾休息。其人心願。更進餘卷。旣遠居田。無人敎授。思遇明師。經於數年。忽見一波羅門僧來扣門。謂藏曰。汝有食不乞我一齋。智藏欣然。隨家所有。如法供設。僧旣食畢。謂智藏曰。汝欲得受法華經者。可將本經來。智藏歡喜。深適所願。即授其經。一從聞受。更不忘失。受經旣了。僧忽不現。智藏情甚惆悵。不識神人。自師去後。但聞異香。數日不絶。【出弘贊第八】

6. 머리카락을 세 번이나 잘랐는데 그때마다 저절로 자라나다

　홍조弘照 스님은 나이 20세에 출가하여 바로 『법화경』을 독송해서 몇 달 안 되어 수계하였다. 종남산終南山에 집을 짓고 『법화경』 1천 번 독송하기를 서원하였는데, 자주 신이 와서 도와주고 보호해 줌을 느꼈다. 또 눈이 깊이 쌓여 길이 막히고 양식은 겨우 한 말밖에 안 남아서 20여 일을 먹을 수 있는 양이었으나 계속 먹었는데도 줄어들지 않았다. 뒤에 친구 이신履信과 한 거사가 함께 한산寒山으로 이주해 와 같이 초막을 짓고 다시 수행을 계속했다.

　하루는 갑자기 길이 1백 자나 되고 머리 높이가 한 길이나 되는 오색 무늬의 큰 뱀이 암자 앞에 와서 머리를 떨어뜨리고 스님의 『법화경』 독송을 들었다. 홍조 스님은 처음에는 크게 놀라 몸이 떨려서 감히 바로 보지도 못하다가 대비심을 일으켜 깊은 서원을 세워 합장하고 눈물을 흘리며 목소리를 높여 끝까지 경을 외웠다. 뱀은 끝까지 듣고 잠시 후에 물러갔다. 이로부터 뱀은 계속해 와서 경을 들었는데, 홍조 스님은 뱀이 해를 끼치지 않는다는 것을 잘 알았지만 그 비린내가 싫고, 그 모양이 두려워 거사더러 뱀을 쫓아 버리라고 하였다. 그래서 거사는 밧줄로 뱀의 목을 얽어 끌어다가 깊은 숲속 큰 나무에 매어 놓았다.

　밤이 되어 홍조 스님과 이신 그리고 거사 세 사람이 똑같은 꿈을 꾸게 되었다. 한 여인이 나타나 눈물을 흘리고 슬피 울면서 말하였다.

　"제자는 이 산에 있는 산신의 딸입니다. 본래 법 듣기를 좋아하여 번추한 모습으로 법중法衆[10]을 많이 범했습니다. 이제 쫓겨나 스님을 하직하고

10　법중法衆 : 불법佛法을 따르는 출가 대중(僧衆)을 일컫는다.

멀리 가게 되어 다시는 대승경 독송하시는 것을 듣지 못하게 된 것이 한스럽습니다."

세 사람은 놀라 깨어 서로의 꿈 이야기를 하였다. 뱀이 죽은 것이 아닌가 더럭 의심이 가서 횃불을 들고 숲속으로 찾아가 보니, 과연 뱀은 이미 죽어 있었다. 거사는 땅에 쓰러져 흐느껴 울며 진심으로 참회하고 사과하였다. 이어 세 사람은 그 자리에서 뱀을 위하여 경을 외우고 또 천승재千僧齋[11]를 베풀기로 하였는데, 우연히 암자 옆에서 많은 은銀이 생겨서 산을 내려가 재에 올릴 물건들을 풍족히 장만할 수 있었다.

홍조 스님이 일찍이 어느 마을에 이르렀는데 유씨劉氏라는 가난한 여인이 스님을 공양하기를 청했다. 스님은 그의 뜻을 가엾이 여겨 그 집에 머무르기로 하였다. 이레를 묵는 동안에 여인은 양식이 다 떨어졌다. 스님은 떠나가려고 했으나 여인이 간곡히 만류하여 스님은 그냥 머물러 있었다. 여인은 돈 구할 길이 없어서 마침내 머리카락을 잘라 팔아서 양식을 마련하였다.

다시 이레가 지나갔다. 홍조 스님이 다시 떠나려고 하니, 가난한 여인은 슬피 울며 다시 굳이 만류하여 스님은 또다시 머무르게 되었다. 여인은 머리카락까지 잘라 팔아서 그것마저 다 써 버렸으니, 밤새도록 근심하고 한탄하였으나 별다른 방법을 찾을 수가 없었다. 그러다가 문득 머리를 만지니 머리카락이 전과 같이 길어 있었다. 놀랍고 기뻐서 즉시 그것을 잘라 팔았다.

다시 이레가 지나니 또 전과 같이 자랐다. 이렇게 세 번 머리카락을 자르는 사이에 스님은 이미 오래 묵으면서 공양을 받았기 때문에 의발을 챙겨 들었다. 이제는 더 머물러 있을 수 없었던 것이다.

---

11 천승재千僧齋 : 천승공양千僧供養 또는 천승회千僧會라고도 한다. 1천 명의 스님을 청하여 공양을 베푸는 것으로, 중국 남북조시대부터 성행하였다.

여인은 머리를 조아려 경례하고 지금까지 있었던 일을 낱낱이 이야기한 다음, "스님께서 공양 드실 것을 가지고 오신 것입니다."라고 하였다.

홍조 스님이 이 말을 듣고 목이 메어 말을 못하다가, "변변치 못한 이 몸이 그런 후의厚意를 받다니요." 하고 말을 잇지 못하였다.

홍조 스님은 영순永淳 연간(682~683)에 갑자기 아무 병도 없이 감천사甘泉寺에서 입적하였다. 사중이 다비를 하였는데, 오직 혀만이 타지 않고 새빨갛게 생시와 같았다.

경희사慶喜寺 주지 계인戒因 등이 깊이 세속에 젖어 그럴 리가 있느냐고 하고, 절의 스님들과 세간 사람들 5백여 명과 함께 나무와 숯 여러 수레를 마련해 가지고 가서 다시 홍조 스님의 혀를 태웠다. 열 번을 태워도 모양과 빛이 조금도 변하지 않아 계인 스님 등은 모두 깊이 참회하고 그 혀를 향함에 담아 두고두고 공양하였다.

【『홍찬법화전』 권8】

髮三剪而輒自長

釋弘照。年二十出家。即誦法華。數月便度。卜宅終南。誓誦千徧。頻感冥[1] 祇潛來翼衛。又逢深雪。麵唯一斗。許二十餘日。食之不盡。乃與友人履信及一居士。移往[2]寒山。並結草庵。更修前業。忽一虵長百尺。斑文五色。頭高丈餘。直來庵所。低身俛聽。照初驚惶戰栗。[3] 不敢視之。起大悲心。發深重願。合掌流泪。抗聲終部。虵少選而退。自尒頻來不息。照雖頗知無害。然惡其腥臭。懼其形狀。令居士驅之。其乃以繩縲。頸引致深叢。繫於大樹。至夜照信。及居士同夢。一女人掩泪。泣而前曰。弟子是此山神女。性樂聞法。數以穢形。干突法衆。今被驅繫。辭師遠去。不復聞誦大乘。以此爲恨。照等各自驚覺。遽相徵問。所夢旣同。疑其致死。即執炬往看。果有斯事。居士呼泣投地。披誠懺謝。就其屍所。共爲誦經。又欲設千僧齋。乃於庵側。獲銀數餅。下山饌會。恰然周足。甞行至一村。有貧女劉氏。請留供養。照愍之而止。於七日中。罄其所有。照便欲去。信女啓勤⁴⁾復留。更無資貨。遂剪頭髮。以買齋食。更經七日。照復欲去。貧女悲泣固留。因復停止。女賣髮之。直用之已盡。憂恨通宵。⁵⁾莫知出處。忽以手摩頭。覺髮生如故。驚喜踊躍。即便更剪。復經七日。還長如前。凡經三剪。照以淹留旣⁶⁾久。⁷⁾執持衣鉢。決不肯住。女乃頂禮具陳云。師自有料。照等聞此。噎不得言。悼噴微躬。⁸⁾當斯厚意。照於永淳中。忽無疾。終於甘泉寺。四輩聚火燒之。唯舌不然。紅赤如本。時慶喜寺寺主戒因等。行頗流俗。⁹⁾不信有之。乃與合寺僧徒。士俗五百。柴炭數車。更燒十遍。形色儼然。方皆悔伏。其舌盛以香函。流傳供養。【出弘贊第八】

1) ㉿ '冥'이 을본에는 '其'로 되어 있다. 2) ㉿ 을본의 관주에서 '往'은 '住'인 듯하다고 한다. 3) ㉿ '栗'이 을본에는 '慄'로 되어 있다. 4) ㉿ '勤'이 을본에는 '勸'으로 되어 있다. 5) ㉿ '宵'이 을본에는 '宵'로 되어 있다. 6) ㉿ '旣'가 을본에는 '留'로 되어 있다. 7) ㉿ '久'가 갑본에는 '夕'으로 되어 있다. 8) ㉾ '躬'가 을본에는 '軀'로 되어 있다. 9) ㉿ 을본에는 '俗' 아래에 '類'가 있다.

제11단 「상불경품」·「여래신력품」·「촉루품」

1. 무덤 옆에 지초芝草가 나다

청신사 위중규韋仲珪는 임공臨邛(중국 四川省) 사람이다. 타고난 성품은 효성이 지극하고 우애가 두터웠다. 당나라 무덕武德 연중(618~626)에 아버지가 병이 들자 중규는 정성껏 병구완을 하다가 아버지가 돌아가시자 아내도 내버려 둔 채 시묘(廬墓) 살이를 하였다.

그는 원래 불교를 착실하게 믿어 『법화경』을 독송하였는데, 낮에는 흙을 져다가 봉분을 만들고, 밤에는 경전을 독송하여 잠시도 게을리 하지 않았다. 그러자 밤이 되면 늘 맹수들이 여막 앞에 웅크리고 앉아 경 읽는 소리를 듣고 한참 동안 가지 않고 있었다. 중규가 정념正念으로 말하기를, "맹수가 가까이 있는 것을 원하지 않는다."라고 하자, 맹수는 곧 일어나 가 버렸다.

이튿날 아침에 보니 무덤 둘레에 지초芝草[12]가 73포기 피어나 있었다. 무덤 앞의 것은 차례로 줄지어 나 있어서 마치 사람이 일부러 그렇게 심어 놓은 것 같았다. 모두 줄기는 붉고 바탕은 자줏빛인데, 바탕에서는 두 줄기의 이상한 광채가 났다.

이웃사람들이 알고 주와 현에 알렸다. 이때 신군창辛君昌이 자사刺史, 심유沈裕가 별가別駕로 있었는데, 두 사람은 무덤에 와 보고서 크게 감탄하였다. 지초를 뜯어 글과 함께 나라에 바치니, 나라에서는 정문旌門[13]을 세

---

12 지초芝草 : 영지초靈芝草의 다른 이름. 버섯의 한 종류로, 예부터 상서로운 풀로 여겼다.
13 정문旌門 : 충忠·효孝·열烈이 뛰어난 사람들을 나라에서 표창하여 그 마을에 세우는 문을 가리킨다.

워서 표창하였다.

그 뒤 중규는 어디서 어떻게 세상을 떠났는지 아무도 아는 사람이 없었다.

『홍찬법화전』 권8

芝生墓側

淸信士韋仲珪。臨卭人也。天性孝弟。武德中父遘病。仲珪勤於孝養。父之卒也。捨遣妻妾。廬於墓左。尤信佛敎。誦法華經。晝則負土¹⁾成墳。夜則誦經。精勤不倦。常有猛獸。夜至廬前。蹲踞聽經。久而不去。仲珪正念曰。不願猛獸之相逼也。獸即起去。明旦²⁾見繞墓生芝草七十三莖。當墳前者。行列次第。如人種植。皆朱莖紫蓋。蓋經二光。³⁾ 光色異常。隣里以告州縣。時辛⁴⁾君昌爲刺史。沈⁵⁾裕爲別駕。共至墓所嗟歎。採芝草封⁶⁾奏。詔旌⁷⁾門閭。後不知所終。【出弘贊第八】

---

1) ㉙ '土'가 갑본에는 '上'으로 되어 있다. 2) ㉙ '旦'이 갑본에는 '且'로 되어 있다.
3) ㉙ '二光'이 을본에는 '五寸'으로 되어 있다. 4) ㉙ '辛'이 을본에는 '爭'으로 되어 있다. 5) ㉙ '沈'이 을본에는 '說'로 되어 있다. 6) ㉙ '封'이 을본에는 '對'로 되어 있다. 7) ㉙ '旌'이 을본에는 '表'로 되어 있다.

2. 혀에서 연꽃이 피어나다

지업智業 스님은 성이 양씨楊氏인데 양주楊州 장락사長樂寺에 머물러 있으면서 부지런히 계율을 닦고 『법화경』을 독송하였다. 수隋나라 대업大業 말년(616)에 우문화급宇文化及[14]이 양주에서 반역을 일으켜 대궐로 들어가서 양제煬帝를 죽였다. 이때 천하가 크게 어지러워지고 백성은 굶주려 한 말의 쌀값이 만 전이나 되었다.

지업 스님은 이때 별원別院의 조그만 집에서 거처하며 오로지 『법화경』 독송에만 전념하다가 끝내 방안에서 굶어 죽었으나 아무도 거두어 장사지내는 사람이 없었다. 그 집도 퇴락하여 무너지자 스님의 시신은 그 아래 깔려 버렸다.

수나라 의령義寧 초(617)에 우문화급이 토벌된 후 그 집터에서 홀연히 한 줄기 연꽃이 피어났다. 광채와 빛깔이 기이하여 스님들과 속인들이 모두 놀라고 이상하게 여겼으나 그 까닭을 알지 못하였다.

이때 그 절의 노스님이 문득 생각이 나서 말하였다.

"이곳은 전에 한 스님이 『법화경』을 독송하던 자리입니다. 난리 통에 여기서 입적했으나 아무도 장사지내지 않았으니, 아마도 그 유골이 여기 그대로 있을 것입니다. 이 연꽃은 아마도 그 스님의 영험일 것입니다."

그래서 연꽃의 뿌리를 캐 들어가니 그 푸른 연꽃은 해골 가운데 혀 밑에서 나와 있는데 혀가 조금도 상하지 않고 살아 있는 것과 같았다. 스님들이 그 혀와 꽃을 법당에 옮겨다가 모셔 놓고 종을 쳐 대중을 모아 『법화경』을 강설하였더니, 그 혀가 설법 소리를 듣자 오히려 흔들리며 움직였

---

14 우문화급宇文化及(583~619) : 수隋나라 때 고구려를 침공해 온 사령관 우문술의 장남이자 우문시급宇文智及과 우분혜급宇文惠及의 형이며, 우문사급宇文士及의 이복형이다.

다. 스님과 신도들이 모두 이 소식을 듣고 보러 왔는데, 마치 담장과 같이 길게 늘어서서 다들 감탄하고 모두 수승한 마음을 일으켰다.

【『홍찬법화전』 권7】

蓮出舌根

釋智業。俗姓楊氏。住楊州長樂寺。精勤戒業。誦法華經。隋大業末年。宇文化及在楊州。作逆殺煬帝於宮闈。于時天下崩離。百姓飢饉。斗米萬錢。智業時在別院。居一小屋。專誦不輟。遂餓死房中。無人收葬。此屋因復傾倒。業屍骸。竟在其下。及義寧初平定之後。其處忽生一莖蓮花。光色異常。道俗驚嗟。莫知其故。時寺僧有耆舊者。乃悟¹⁾曰。此地曾有一僧。專誦法華。于時既屬喪亂。於妓捨命。無人理²⁾殯。骸骨在此。必是僧之靈也。乃尋掘花根。其靑蓮花。乃從髑髏中舌根下生。舌如生存。都不爛壞。寺衆乃將舌及花上堂。鳴鐘集衆。爲轉法華。其舌聞經。猶能振動。道俗聞之。觀者如堵。莫不嗟歎。咸發勝心。【出弘贊第七】

1) ㉑ '悟'가 을본에는 '語'로 되어 있다. 2) ㉑ '理'는 을본에 '埋'로 되어 있다.

3. 경전에서 사리가 나오다

지엄智儼[15] 스님은 동주同州(중국 섬서성) 사람이다. 나이 열세 살 때 인도의 스님(梵僧)을 만나서 출가하여 계업사戒業寺에 머물렀다. 『법화경』・『유마경』・『반야경』 등을 두루 배워서 그 깊은 뜻을 구명하여 마침내 통달하고, 말과 행동이 모두 뛰어난 이른바 '고결한 법사'가 되었다.

현경顯慶 3년(658) 태주太州 선장현仙掌縣의 여러 신도 대중들이 지엄 스님을 영선사靈仙寺로 청하여 『법화경』을 강설해 달라고 하였다. 스님은 이 절의 환향還香 스님[16]의 방에 거처하게 되어, 첫날 밤에 『법화경』을 꺼내 책상 위에 펴놓고 한 대문을 찾아서 독송하였다. 그때 환향 스님과 시자 세 사람이 함께 거기에 있었는데 지엄 스님이 향을 피우자마자 갑자기 『법화경』의 불佛 자에서 세 과의 사리가 나왔다.

오색 광명이 경 위에 찬란히 퍼지고 사리는 이리저리 흘러 다녀 한 곳에 머물러 있지 않았다. 환향 스님이 곧 절의 다른 스님들에게 알려 모두 와서 예배하고 함께 사리를 거두어 모시려고 하니까 사리는 모두 불佛 자로 흘러 들어갔다.

스님들이 슬피 울며 예배한 다음 향을 피우고 다시 진용을 뵙기를 발원하니, 사리가 다시 불佛 자에서 나와 흘러 다니며 멈추지 않았다. 잠시 후에 다른 불佛 자로 들어가 차례대로 없어졌다. 지엄 스님은 『법화경』을 수십 번 강설하여 영험과 상서로움을 얻은 일이 이루 다 말할 수 없이 많

---

15 지엄智儼 : 화엄종 2조로 불리는 지엄(602~668)과 비슷한 연대이기는 하나, 행적이 전혀 다르므로 같은 시대의 동명이인同名異人인 듯하다. 화엄종의 지엄은 천수天水(甘肅) 사람으로, 속성은 조씨趙氏이고, 12세에 두순杜順을 따라 종남산終南山 지상사至相寺에서 출가하였다.

16 환향還香 스님 : 원문에 '寺僧還香'이라고 되어 있는데, '환향 스님'은 절에서 향 피우는 소임을 맡은 분인 듯하다.

앉다.

스님은 입적하기 며칠 전부터 여러 곳을 다니면서 여러 스님과 아는 사람들을 한 사람 한 사람 찾아보고 작별 인사를 하였다. 갑자기 어느 날 아침에 마당을 깨끗이 소제한 다음 단정히 앉아 선정에 들어 그대로 입적하였다.

기이한 향기와 기운이 온 절 안에 가득하여 이레가 되도록 그대로 남아 있었다. 그 혀는 입적하고 몇 해가 지나도 썩지 않았고, 머리털이 두 마디나 더 자랐으며, 얼굴빛이 생전과 같아 지혜 있는 사람들은 다들 그가 득도했다고 하였다.

【『홍찬법화전』 권3】

舍利流出於金文

釋智儼。同州人也。年至十三。忽遇梵僧出家。住戒業寺。徧學法華維摩般若等。並窮其了義。遂當法匠。實所謂高潔法師。言行兼至者也。顯慶三年。太州仙掌縣道俗。請儼於靈仙寺。講法華經。儼於寺僧還香房內。[1] 居止閤舍。初夜取法華經。舒披案上。方欲尋讀。于時還香幷侍者三人。並在其處。儼焚香未訖。忽見經上佛字中。出三舍利。五色光明。散滿經上。流行不住。還香等徧告寺僧。俱來禮拜。欲共收取舍利。舍利還流入於佛字。僧等禮拜悲泣。然香發願。更覩眞容。舍利還從佛字中出。流行不住。少選之間。別於他佛字中。相從隱沒。儼講法華。凡數十餘徧。感靈獲瑞。難以具言。將終數日。處處巡行。法朋舊識。人人共別。忽一旦[2] 灑掃庭院。端坐入定。於是而終。忽有異香。氛氳滿院。經餘七日。亡後數年。其舌不壞。鬢髮加長二寸。顏色如舊。識者以爲得道之流也。【出弘贊第三】

1) ㉯ 을본에는 '內'가 없다. 2) ㉯ '旦'이 갑본에는 '且'로 되어 있다.

4. 광명이 보탑을 비추다

좌복야左僕射(천자를 보좌하는 벼슬) 송국공宋國公 소우蕭瑀는 자字가 시문時文[17]인데, 고조부는 양나라 무제이고, 아버지는 명제[18]이다.

그는 불교를 깊이 믿어 때때로 어떤 모임이 있으면 언제나 별도로 채식을 주도록 하였다. 비록 국무에 참여할 때라도 『법화경』을 염송하여 조금도 빠진 적이 없었으며, 『법화의기法華義記』 10권[19]을 직접 저술하여 때때로 집안의 아이들과 조카들에게 그것을 강설하였다.

『의기』가 완성된 날 밤, 꿈에 다보불탑多寶佛塔이 허공중에 떠 있어 찬란하게 빛났으므로 이름난 공장工匠을 불러다가 그 묘탑을 조성하였다.

【『홍찬법화전』 권3】

光明照耀於寶塔

左僕射宋國公蕭瑀。字時文。高祖梁武帝。父明帝。公深信釋典。時處會讌。每勅別賜素食。公雖叅國務。而誦念無斁。手著法華義記凡十卷。時於第內。[1)] 爲子姪講之。䟽成之日。夢多寶佛塔。炳耀空中。因召名工。造玆妙塔。

【出弘贊第三】

1) ㉯ '內'가 을본에는 '四'로 되어 있다.

---

17 시문時文 : 『홍찬법화전』 권3(T51, 19c)에는 '時父'로 되어 있다.
18 아버지는 명제明帝 : 양梁나라나 당나라에는 명제가 없다. 명제는 후한의 2대 황제(28~75), 삼국시대 위魏의 2대 황제(205~239), 동진東晉의 제2대 왕(재위 323~325), 남조의 송宋나라 제6대 황제(439~472) 등이다.
19 『법화의기法華義記』 10권 : 여기 언급된 『법화의기』는 기존에 알려진 법화 주석서는 아닌 듯하다. 법화 주석시로는 광댁 법운의 『법화의기』 8권, 천태 지의의 『법화문의』 10권, 길장의 『법화현론』 10권, 규기의 『법화현찬』 10권 등이 유명하다.

5. 병의 물이 겨울에는 따뜻하고 여름에는 시원해지다

장간사長干寺의 동쪽에 아사리(闍梨[20])가 살았는데, 항상 『법화경』을 독송하며 절조 있는 수행이 매우 높았다. 독송할 때면 항상 병의 물이 겨울에는 따뜻하고, 여름에는 시원해져서 언제나 보호가 되었다.

【『홍찬법화전』 권7】

瓶水冬溫夏冷

長干寺東闍梨。誦法華經。甚有節行。每有所誦。瓶水冬溫夏冷。略爲常候。

【出弘贊第七】

---

20 사리闍梨 : 아사리阿闍梨의 준말이며, 제자의 품행을 가르쳐 그 규범規範이 되는 승도僧徒의 스승을 말한다.

6. 천병天兵이 하늘에 가득하다

현수玄秀 스님은 어려서 출가하여 황주黃州(중국 호북성) 수화사隨化寺에서 늘 『법화경』을 독송하였는데 자주 기이한 경험을 하였다.

더운 한 여름철에 스님의 친구들이 시원한 바람이나 쐬며 이야기나 나누자고 사람을 보내 현수 스님을 청하였다. 심부름 간 사람이 스님의 방 앞에 이르러 보니, 호위가 엄숙하고 사람과 말들이 수없이 들끓고 있기에 겁이 나서 그대로 돌아와 고하였다. 이에 함께 가서 보니 처음과 다름없었다.

뒷문으로 돌아가 보았더니 그곳에도 그 무리가 대단하였고, 하늘을 쳐다보니 군사가 공중에 가득 차 끝이 없고 코끼리와 말을 탄 귀신들도 수없이 북적대고 있었다. 친구들은 현수 스님에게 감응하는 바 있음을 알고 물러나 돌아왔다.

이튿날 아침에 친구들이 찾아와 사죄하고, 다시 찾지 않았다. 스님은 『법화경』 독송에 전념하다가 수나라 말엽에 수화사에서 입적하였다.

【『홍찬법화전』 권7】

天兵匝地盈空

釋玄秀。少出家。住黃州隨化寺。常誦法華。每感徵異。時屬炎暑。同友逐涼。遣召秀來。欲有談笑。旣至房前。但見羽衛嚴肅人馬偉太。[1] 怖而返告。同往共觀。如初不異。轉至後門。其徒彌盛。上望空中。塡塞無際。多乘象馬。類雜鬼神。乃知其感通也。置而遂却。明晨慚謝。朋徒遂絶。秀專斯業。隋末終寺。【出弘贊第七】

---
1) ㉚ '太'가 을본에는 '大'로 되어 있다.

제12단 「약왕보살본사품」

1. 스스로 자기 전생을 알다

수나라 개황 연중(581~600)에 위주 자사魏州刺史 최언무崔彦武가 부임하여 관내를 순시하는데, 한 고을에 이르자 갑자기 따르는 이를 돌아보고 말하였다.

"내가 옛날 이 고을에서 어떤 사람의 부인이었던 적이 있었는데 지금도 그때 살던 집을 알고 있다."

말을 타고 꼬불꼬불한 길을 돌아서 한 집에 이르자, 문을 두드리도록 명하였다.

주인 노인이 문을 열고 나와서 맞아들이니, 최언무는 마루에 올라가 앉았다. 노인이 말하였다.

"관가 사람께서 무슨 볼일로 저희 집에 오셨습니까?"

그러자 최언무가 "나의 전생은 노인장의 아내였습니다."라고 답하자, 노인은 뜻밖의 말에 놀라 다시 물었다.

"무엇으로 그것을 알 수 있습니까?"

"내가 전에 『법화경』을 독송하였는데, 그 경전과 금비녀 다섯 개를 동쪽 벽의 땅에서 6~7자쯤 되는 곳에 감추어 두었습니다. 벽의 불룩하게 솟아나온 곳이 그곳입니다. 그리고 그 『법화경』 제7권 뒤의 한 장이 불에 타 글자가 없어져서 내가 지금도 『법화경』을 독송할 때면 늘 그 부분을 잊어버립니다."

주인이 사람을 시켜 벽 위의 불룩한 곳을 파 보니 과연 뒷장이 탄 『법화경』과 금비녀가 나와 언무의 말과 조금도 다르지 않았다.

주인은 흐느껴 울며, "죽은 아내는 항상 이 『법화경』을 읽었고, 이 금비

녀도 그때 아내가 가지고 있던 것입니다."라고 하였다. 언무가 다시 말하였다.

"마당에 괴목槐木이 있는데, 내가 옛날 해산할 때 머리카락을 잘라서 나무의 빈틈에 넣어 두었습니다."

또 사람을 시켜 찾아보니 과연 그 머리 타래가 있었다. 주인은 이것을 보고 더욱 슬픔과 기쁨이 교차하였다. 언무는 머물러 옷가지와 재물을 주고는 임지로 떠났다.[21]

【『영서집』,『홍찬법화전』제9권,『현응록』】

自識前身

隋開皇中。魏州刺史崔彦武。受職行部[1]至一邑。忽謂從者曰。吾昔在此邑中。爲人婦。今知舊住處。因乘馬循港屈曲。至一家命扣門。主人老翁。開門請入。武升堂而坐。老翁曰。官人何事至此。武即言。吾前身。是汝之妻。老翁曰。憑何爲驗。武曰吾昔誦法華經。幷金釵五隻。藏東壁上。[2]去地六七尺。其隆高處是也。其經第七卷。後一紙火燒。失去文字。吾令[3]誦此經。其後恒忘失也。令人穿壁高處。果然得經。火損後紙。幷獲金釵。一如其言。主人泣曰。亡妻在日常誦此經。金釵亦其所有。彦武又曰。庭前槐樹。吾昔産時。解頭髮置樹空中。令人探之。果得其髮。主人見已。悲喜交集。武即留衣物。賜之而去。【出靈瑞集弘賛傳現應錄】

1) ㉠ '部'가 을본에는 '郡'으로 되어 있다.　2) ㉠ '上'이 을본에는 '中'으로 되어 있다.
3) ㉠ '令'이 을본에는 '今'으로 되어 있다.

---

21 이 영험담은 「약왕보살본사품」 제23에서 "만일 여인으로서 이 「약왕보살본사품」을 잘 받아 지니는 자는 여인의 몸을 다하여 후에 다시는 (여인의 몸을) 받지 않으리라."(T9, 54b)라고 한 내용에 근거한 것이다.

2. 두 글자를 기억하지 못하다

이름이 전해지지 않은 스님이 진군秦郡 동사東寺에 있었다. 한 사미에게 『법화경』을 독송시켜 매우 깊이 통달하였는데, 다만 「약초유품」의 '애체靉靆'[22] 두 글자만은 가르쳐 주면 잊어버리고 가르쳐 주면 잊어버리기를 천 번에 이르렀다. 스승이 꾸짖으며 말하였다.

"너는 『법화경』을 거의 통달하였는데 어찌하여 이 두 글자는 그렇게도 기억하지 못하는가?"

그날 밤 스님의 꿈에 한 스님이 나타나서 말하였다.

"그대는 사미를 너무 꾸짖지 마시오. 그 사미는 전생에 절 동쪽 마을에서 우바이優婆夷 몸으로 태어나 본래 『법화경』을 독송하였는데, 그 집의 『법화경』「약초유품」 중 '애체' 두 글자를 좀이 쏠아서 그때부터 이 두 글자가 없었습니다. 그래서 이제 다시 태어나 새로 배워도 얼른 깨치지 못하는 것입니다. 그 이름은 아무개이며, 그때의 경전이 지금도 있으니, 믿지 못하겠으면 가서 알아보시오."

이튿날 아침 스님이 그 마을에 가서 그 집을 찾아가 모두 이야기한 후에 주인에게 물었다.

"댁에 무슨 경전이 있습니까?"

주인은, "예, 『법화경』 한 부가 있습니다."라고 답하였다. 책을 내어다 보니, 과연 「약초유품」의 두 글자가 떨어져 나가 있었다. 주인이 다시 말하였다.

"이 경전은 죽은 며느리가 살아 있을 때 늘 독송하던 것인데 죽은 지

---

22 해당 경문은 「약초유품」 제5의 게송 부분이다. "우렛소리 멀리 울려 중생들 기쁘게 하고, 햇볕 가려 주어 대지가 시원해지며, 뭉게구름 낮게 드리워 손끝에 닿을 듯하네.(雷聲遠震。令衆悅豫。日光恰蔽。地上清涼。靉靆垂布。如可承攬。)"(T9, 19c)

17년이 되었습니다."

며느리의 죽은 달과 사미의 잉태한 달을 맞추어 보니 틀림이 없었다. 그 뒤 사미가 어디서 언제 세상을 떠났는지를 아는 이가 없었다.

【『홍찬법화전』 권6】

難通二字

釋某。失其名。住秦郡東寺。有沙彌。誦法華經。甚通利。唯到藥草喩品罽㲲二字。隨教隨忘。如是至千。師苦嘖之曰。汝法華一部熟利如此。豈不能作意。憶此二字耶。師夜夢。見一僧謂之曰。汝不應嘖。此沙彌前生。在寺側東村。受優婆夷身。本誦法華一部。但其家法華。當時藥草喩品。白魚食去罽㲲二字。于時經本。無此二字。爲其今生新受習未成耳。其性[1]名某。經亦現在。脫不信者。可往驗之。師明旦[2]就彼村。訪問此家言畢。問主人云。有何經書。答云有法華經一部。索取看藥草喩品。果缺二字。訪[3]云是太兒亡婦生存。受持之計。亡已得一十七年。果與此沙彌。年時胎月相應也。沙彌後不知所終。【出弘贊第六】

---

1) ㉙ '性'이 을본에는 '姓'으로 되어 있다.   2) ㉙ '旦'이 갑본에는 '且'로 되어 있다.
3) ㉗ '訪'을 『대정장』 권51의 『홍찬법화전』 교감(T51, 29a)에 따라 '復'로 바꾸어 번역하였다.

3. 전단향의 향기가 멀리까지 퍼지다

장안 대사章安大師는 이름이 관정灌頂[23]인데, 오월왕吳越王이 총지總持라는 시호를 내렸다. 장안章安의 오씨吳氏 집안에 태어나 3세에 문득 어머니를 따라 불·법·승 삼보의 명호를 불렀다. 처음에는 천태 지관(定慧[24])의 법을 이어받았는데, 만년에 칭심정사稱心精舍에서 오랫동안 『법화경』을 강설하여 세속 사람들을 많이 교화시켰다.

이때 산에서 30리쯤 떨어진 법룡촌法龍村 사람이 병이 들어 거의 목숨이 끊어지게 되었는데, 그의 아들이 대사에게 달려와 구원해 달라고 애원하였다. 대사가 그를 위해 전단향을 피우고 『법화경』을 독송하니, 병자가 멀리서 그 전단향 냄새를 맡고 즉시 병이 나았다.

【『홍찬법화전』 권3, 『현응록』】

檀香遠達

師諱灌頂。吳越王諡號總持。生於章安吳氏。三歲時。便能隨母。稱三寶名。禀承天台定慧之法。晚至稱心精舍。長講法華。化流囂俗。時有法龍村人。去山三十里。染患將絶。其子奔來求救師。爲轉法華經。焚栴檀香。病者遙聞。香氣即愈。【出弘贊第三及現應錄】

---

[23] 관정灌頂(561~632) : 자가 법운法雲이며, 임해臨海 장안章安 출신이다. 7세 때 출가하여 20세 때 구족계를 받았다. 지덕至德 원년(583) 천태산으로 가 지자 대사智者大師의 제자가 되었다. 이후 스승의 강설을 기록하여 이른바 천태삼대부를 편찬하였으며, 천태 5조로 추앙받고 있다.

[24] 정혜定慧 : 지관止觀의 뜻이다. 지止는 사마타의 번역으로서 대상에 집중하는 수행이며, 관觀은 위빠사나의 번역으로 대상을 면밀히 관찰하여 바라보는 수행이다. 사마타를 행하여 번뇌를 조복하여 선정(定)을 얻고, 위빠사나를 행하여 미혹을 타파하여 지혜(慧)를 얻는다. 천태 지의는 '지관'으로써 불교의 수행 체계를 확립하였다.

4. 부처님께서 손으로 어루만지시다

송宋나라 나여羅璵의 아내 비씨費氏는 영주寧州 사람이다. 그녀는 삼보를 열심히 믿고 공경하였으며, 여러 해 동안 『법화경』 독송을 부지런히 힘써 조금도 게을리 하지 않았다. 그런데 갑자기 병에 걸려 가슴이 몹시 아팠다. 점점 더 심해져서 고통이 극한에 이르자 온 집안사람들이 크게 두려워하고 근심하였다.

비씨는 속으로 생각하기를, '내가 『법화경』을 부지런히 독송했으므로 반드시 좋은 도움이 있으리라. 끝내 이로 인해 죽을 지경에 이르지는 않을 것이다' 하고는 이내 잠이 들었다.

곧 꿈을 꾸었는데 부처님이 나타나 창밖에서 손을 뻗어서 그의 가슴을 어루만져 주셨다. 이때 집 안팎의 사람들이 온통 금빛으로 찬 것을 보았고, 또 방안에는 기이한 향내가 가득하였다. 이로부터 병이 나아서 완쾌되었다. 이것을 본 사람들로서 신심을 일으키지 않는 이가 없었다.

【『홍찬법화전』 권6, 『현응록』】

佛手親摩

宋朝羅璵妻費氏。寧州人也。費信敬三寶。誦法華經。數年之間。勤苦不懈。俄而染患心痛。浸成極勢。[1] 闔門惶懼。費作念言。我誦經勤苦。必有善祐。終不因此至死地也。旣而睡臥。即夢[2] 佛身。舒手過窓。以摩其心。內外皆都[3] 金光滿室。又聞異香襲人。[4] 自此病愈。見者莫个生信。【出弘贊第六及現應錄】

---

1) ㉯ '勢'가 을본에는 '熱'로 되어 있다. 2) ㉯ '夢'이 을본에는 '夜'로 되어 있다. 3) ㉯ 을본의 관주에서는 '都'가 '覩'가 아닌가 한다. 4) ㉯ '人'이 을본에는 '入'으로 되어 있다.

5. 약의 정기精氣가 품에 들어가다

정견淨見 스님은 어디 사람인지 아무도 몰랐다. 어릴 때 출가하여 숭고산崇高山과 용문산龍門山에 주로 살면서 『법화경』을 1만 3천 번이나 독송하니, 너무 오랫동안 독송을 지속하여 몸이 몹시 쇠약해졌다. 이렇게 20여 년을 지나 어느 날 갑자기 스님이 살고 있는 북쪽에서 어린아이들이 요란스럽게 떠드는 소리가 나서 더욱 괴로웠는데, 그 아이들이 어디에서 왔는지 도대체 알 수가 없었다.

그러자 머리가 하얗게 센 한 노인이 비단옷을 입고 와서 말하였다.

"선사께서는 사대四大가 편안하십니까?"

이와 같이 문안을 하므로 스님이 대답하였다.

"차차 몸이 수척해집니다. 게다가 어디서 왔는지 알 수 없는 많은 아이들이 날마다 요란스럽게 떠들어대니 더욱 견디기가 어렵습니다."

노인이 말했다.

"스님께서 아이들이 놀고 있는 곳으로 가셔서 그 애들이 옷을 벗고 물에 들어가 목욕하기를 기다렸다가 한 아이의 옷을 가지고 돌아오십시오. 뒤따라와서 달라고 하거든 절대로 주지 마십시오. 설사 스님을 욕하고 꾸짖더라도 절대로 대꾸하지도 마십시오. 그러면 제가 와서 말하겠습니다."

정견 스님이 노인의 말대로 아이들이 노는 곳으로 가서 기다리니, 과연 여러 아이들이 와서 옷을 벗고 못에 들어가 목욕을 했다. 스님은 한 아이의 옷을 가지고 집으로 왔다.

한 아이가 뒤따라와서 옷을 내놓으라고 하였다. 스님이, 노인이 하던 말이 생각나서 끝내 옷을 돌려주지 않으니까, 아이는 마구 욕설을 퍼붓고 스님과 조사를 비방하였다. 그러나 스님은 역시 대꾸하지도 않았다. 그러자 노인이 와서 아이들에게 말하였다.

"네가 스님의 품속으로 들어가거라."

처음에는 노인의 말을 들으려고 하지 않다가 노인이 몇 번을 독촉하니, 스님의 품으로 들어와 다시 뱃속으로 들어가 없어졌다. 노인이 스님에게 물었다.

"몸이 어떠하십니까?"

스님이 "예전보다는 기분이 좋고 기운이 좀 납니다."라고 대답하자, 노인은 곧 가 버렸다. 이때부터 스님은 차차 건강이 회복되어 『법화경』 독송을 몇 갑절 더하였다.

지혜 있는 사람들은 그 노인이 보현보살인데 산신을 시켜 약의 정기를 어린아이로 변하게 하여 스님에게 먹여서 병이 나은 것이라고 말하였다. 정견 스님은 그 뒤 어디에서 입적하였는지 알 수가 없다.

【『홍찬법화전』 권6】

藥精入懷

釋淨見。不知何許人也。童稚出家。多住崇高及龍門山。誦法華經。一萬三千部。既誦持積久。身力疲困。過二十餘年後。忽聞住處北邊。有諸小兒。言語鬧亂。轉覺煩悶。亦不測小兒。從何所來。有一白頭老翁。著白練裙襦。每來問云。禪師四大何如。師答漸覺羸頓。又不知何處。得多許小兒。日相煩亂。不復可忍。老公云。師往其戲處。坐待彼脫衣。入水洗浴。師隨抱一小兒衣。還若來取者。愼勿與之。其若罵師。師愼勿應答。弟子自來語之。見隨老公語。往俟之。諸小兒果脫衣。入池洗浴。乃抱小兒衣。還房小兒。尋後索衣。見憶老公言囑。永不還之。小兒即惡口。毀謗禪師及宗祖。師亦不應。白頭老公尋至。語小兒云。汝入師懷裏。小兒初不肯。從老公駈逼數迴。始入見懷。沒在腹內。老公問師。四大何如。見云氣力勝於從來。老公尋去。自爾已後氣力休。強誦數倍。識者云此當是普賢菩薩。令山神駈諸藥之精。變爲小兒。使其服之。除疾病耳。見後不知所終。【出弘贊第六】

6. 못의 물로 병을 고치다

승명僧明 스님은 호주濠州 석문산石門山에 머물러 있었다. 스님은 산꼭대기 바위 위에 벽돌을 쌓아 미륵천궁을 만들고, 미륵상을 조성하여 모셔 놓고 늘 『법화경』을 독송하였다. 그때마다 공중에서 손가락을 퉁기는 소리와 "좋도다(善哉)!"라고 칭찬하는 소리가 들려왔다.

천감天監 연중(502~519)에 양나라 무제에게 글을 올려 몸을 태워 공양하겠다고 하였다. 두번 세번 거듭 청하여 드디어 허락이 내렸다. 스님은 미륵천궁 앞 네모난 바위 위에서 분신하여 뜻대로 몸이 다 재가 되어 버리고 오직 해골만 남았다. 그런데 갑자기 네모난 바위 가운데가 사방 4~5척쯤 움푹 함몰하여 못이 되었다.

밤이 지나고 이튿날 아침에 보니 연못에 연꽃이 피었는데 세상에 다시 없이 아름다웠고, 이 못의 물을 마시는 사람들은 모두 병이 씻은 듯이 깨끗이 나았다. 뒷사람이 조그만 상을 만들고, 다시 그 해골을 태워서 재를 상에 발랐는데, 누가 그 상에 흠을 내거나 더럽히면 곧 상이 옮겨 앉고, 그 옮겨 앉는 곳에는 모두 꽃이 피었다. 크기가 배꽃이나 대추만 한 것이 수백 수천이나 되었다. 지금도 이를 표시하는 탑이 있어 그 사실을 갖추어 기리고 있다.

【『홍찬법화전』 권5】

池水療病

釋僧明。住濠州石門山。於山頂石上[1]累甎。造彌勒天宮一所。幷彌勒像。常誦法華經。每聞空中彈指。及稱善哉聲。至天監年中。奏啓梁武。請欲焚身。頻煩再三。方蒙聞[2]許。乃於彌勒宮前方石上。遂其先志。身並灰燼。唯餘一甲。燒訖其石。[3] 方四五尺。忽陷成池。信宿花生。鮮榮絶代。諸飲池者。

疾病皆愈。後人造一小像。重燒此甲。以灰塗之。人或玷⁴⁾汙。像即移去。其行道之處。皆悉生花。大如梨棗。⁵⁾ 數過千百。現有表塔。具旌其事。【出弘贊第五】

---

1) ⓟ '上'이 을본에는 '山'으로 되어 있다. 2) ⓟ 을본의 관주에서 '聞'은 '開'가 아닌가 한다. 3) ⓟ '石'이 을본에는 '氏'로 되어 있다. 4) ⓟ 을본의 관주에서 '玷'은 '沾'이 아닌가 한다. 5) ⓟ '棗'이 을본에는 '棗'로 되어 있다.

7. 나병이 낫다

당나라 강주絳州 고산孤山의 함천사陷泉寺 법철 선사法轍禪師라는 분이 있었다. 하루는 산행을 하는데, 한 나병 환자가 토굴 속에 있다가 스님을 보자 먹을 것을 빌었다. 스님은 그를 불쌍히 여겨 절로 데리고 와서 토굴을 파서 거처하게 하고, 옷과 음식을 주면서 『법화경』을 가르쳐 주었다. 그 사람은 원래 글을 모르는 데다가 아둔하고 어리석어서 가르치기가 몹시 힘들었지만, 스님은 한 구절 한 구절 싫증내지 않고 꾸준히 가르쳐 주었다.

절반쯤 독송하게 되었을 때 갑자기 꿈에 한 스님이 나타나 그를 깨우쳐 준 후부터는 차차 총명해져 깨우침이 빨라졌다. 이리하여 제5권~제6권에 이르자 몸의 상처가 아물고, 『법화경』 한 부를 전부 통달하자 몸이 완전히 건강하게 되었다. 부처님께서 '병에 대해 좋은 약'[25]이라고 하셨는데, 이것이 그 말씀의 뚜렷한 징험이었다.

【『영서집』,『홍찬법화전』 권8,『현응록』】

癩瘡即愈

唐絳州孤山陷泉寺。有法轍禪師。山行見一癩人。在土穴中。從師乞食。師憫之。引歸寺中。仍鑿[1)]土穴安之。授與衣食。教誦法華經。其人素不識字。加又凡鄙。師句句授之。終不辭倦。誦之將半。忽夢一僧指教。自後漸覺聰慧。及五六卷。身瘡漸安。一部通利。四大專蘇。佛言病之良藥。斯言驗矣。

---

25 「약왕보살본사품」 제23의 해당 부분은 다음과 같다. "이 경은 염부제 사람들에게는 병에 좋은 약이 된다. 어떤 사람이 병이 들었을 때 이 경을 들으면 병이 곧 소멸되며 늙지도 않고 죽지도 않느니라.(此經則爲閻浮提人。病之良藥。若人有病。得聞是經。病即消滅。不老不死。)"(T9, 54c)

【出靈瑞集弘贊第八及現應錄】

1) ㉠ '鑿'이 을본에는 '鑿'으로 되어 있다.

8. 기력이 왕성해지다

승환僧歡 스님은 금릉金陵 치성사治城寺에 있었는데 본래 병이 있어서 기력이 없었다. 그래서 스님은 절에 있는 탑 앞에 지극한 마음으로 참회하고 간절히 기원한 다음 『법화경』 독송을 결심하여 잠시도 쉬지 아니하였다. 그랬더니 갑자기 기력이 왕성해졌다.

탑 앞에 두 개의 돌사자가 있는데 매우 크고 무거웠다. 스님은 두 팔로 돌사자를 하나씩 들어 올려 옆구리에 끼고 10여 리를 달렸으나 전혀 피곤한 줄 몰랐다.

【『홍찬법화전』권6】

氣力鬱增

釋僧歡。出家住金陵治[1])城寺。本羸病乏氣力。乃志心於寺塔下懺悔。祈請懇到。誦法華經。不輟於小時間。[2)] 鬱然旋力。寺塔前有兩石獅子。形甚重大。歡忽以兩臂。各貫獅子。腹下擎之。而走行十許里。都不覺倦。【出弘贊第六】

---

1) ㉯ 을본의 관주에서 '治'는 '冶'가 아닌가 한다.   2) ㉯ '間'이 갑본에는 '聞'으로 되어 있다.

9. 급성 질병이 낫다

조간趙仟은 타고난 성품이 곧고 성실하였다. 불행하게도 갑자기 발병하여 여러 가지 방법을 다 써서 치료해 보았으나 아무런 효험이 없었다. 드디어 뜻을 내어 『법화경』을 독송하자 그 병이 단박에 나았다. 조간은 이때부터 늘 『법화경』을 독송하여 게을리 하지 않았으며, 음양승陰陽僧[26]인 일자日資·연원演源과 승속(緇素[27]) 몇몇이 함께 법화도法華徒를 결성하여 같이 불혜佛慧를 닦았다.

急疾乃瘳

趙仟受性貞固。不幸遘[1)]急發之疾。雖種種治。無一驗効。遂秉志誦蓮經。厥疾頓愈。仟自是常誦不怠。乃與陰陽僧。日資演源。并緇素若干人。結法華徒。同修佛慧。

1) ㉟ '遘'가 을본에는 '遭'로 되어 있다. 이하 동일.

---

26 음양승陰陽僧 : 역易의 사상을 잘 알아 음양陰陽에 밝은 스님.
27 치소緇素 : 스님과 재가자들이 입는 옷의 색깔로서, 승속僧俗을 일컫는 말이다.

10. 나병(大風²⁸)에도 도움이 되다

스님은 이름도 모르고 어디 사람인지 알 수 없었는데 불행히 흑라黑癩(피부가 검어지는 나병)에 걸렸다. 별의별 처방을 다 써 보았으나 아무런 효험이 없었다. 그러다가 문득 "『법화경』은 염부제閻浮提²⁹ 사람의 병에 양약"이라는 말을 듣고, 『법화경』을 독송할 뜻을 세우고 한 질을 전부 독송하니, 병이 말끔히 나았다.

또 남대南臺의 녹사錄事³⁰ 유씨劉氏도 그 병에 걸려 여러 가지로 치료해 보았으나 역시 아무런 효험이 없었다. 어느 날 유씨가 길에서 이 스님을 만났다. 스님은, "나도 전에 그 병에 걸렸었는데 『법화경』을 독송한 덕으로 완전히 나았습니다."라고 일러 주었다.

이에 유씨는 확고한 신심이 생겨서 곧 『법화경』을 구해서 잠시도 손에서 놓지 않고 부지런히 독송하였다. 한 질을 다 독송하니, 꿈에 한 신이한 스님이 나타나서 손으로 유씨의 몸을 어루만지고 몸에 쑥뜸을 해주었다. 유씨가 놀라서 잠을 깨 보니, 땀이 흥건하여 물 흐르듯 하는데 몸과 마음이 상쾌하였다. 그리고 구름과 안개가 걷히듯 병이 깨끗이 나아 전과 같이 회복되었다.

---

28 대풍大風 : 나병, 즉 문둥병, 여풍癘風을 말한다. 「장자절론長刺節論」에서 "골절骨節이 무겁고 수염과 눈썹이 빠지는 것을 대풍大風이라 한다.(骨節重。鬚眉墮。名曰大風)"라고 하였다.
29 염부제閻浮提 : 수미산須彌山 남쪽에 있으므로 남염부제(혹은 남섬부제)라고 한다. 염부제란 '더러운 곳(穢土)'으로, 우리가 사는 중생계를 말한다.
30 남대南臺의 녹사錄事 : 남대는 어사대御史臺의 별칭, 녹사는 문부文簿를 맡아보고 그 잘잘못을 규찰하는 직책이다.

大風亦利

釋王[1]名。不知何許人也。不幸遘黑癩。萬方無効。忽聞法華是閻浮提人病之良藥。誓志全誦。厥疾乃瘳。又有南臺錄事劉氏。亦感此疾。雖種種治無驗。一日亡名路逢劉氏。曰我亦曾得此病。賴誦蓮經。即得除愈。劉氏於是。生決定信。即覔蓮經。手不釋卷。一部乃畢。忽夢有異僧。以手摩挲身已。即以艾炷。渾身炙之。驚駭即覺。白汗如流。身心豁然。如雲霧捲。[2] 平復如舊。

---

1) ㉈ '王'은 갑본과 을본에 '亡'으로 되어 있다. ㉉ 아래의 원문에도 '一日亡名'이라고 한 것에 따라 '亡'으로 본다. 2) ㉈ '捲'이 을본에는 '撥'로 되어 있다.

제13단 「묘음보살품」

1. 죽은 어머니가 괴로움에서 벗어나다

장안 통궤방通軌坊 유공신劉公信의 아내 진씨陳氏의 어머니가 병으로 먼저 죽고, 뒤에는 진씨도 갑자기 죽었다. 어떤 사람이 진씨를 인도하여 지옥으로 들어가서 여러 가지 죄로 고통 받는 모습을 모두 구경시켜 주었다. 나중에 한 지옥의 옥문이 갑자기 열리는데, 그의 어머니가 그 안에서 심한 괴로움을 당하고 있었다. 어머니는 딸을 보자 말하였다.
"너는 나를 위해 『법화경』 한 질을 베껴 써서 내가 이 괴로움에서 벗어나게 해다오."
말이 끝나자마자 옥문이 도로 닫혔다. 진씨가 다시 소생하여 그 이야기를 하니, 남편 공신이 매부 조사자趙師子를 불러다가 『법화경』을 베껴 쓰게 하였다. 이때 어떤 경전 쓰는 사람이 새로 쓴 『법화경』 한 질을 가지고 와서 팔려고 했다. 조사자가 말하였다.
"다행히 이 경이 있으니 이것을 사시지요. 새로 쓸 필요는 없겠습니다."
유공신이 그의 말을 따라 그 『법화경』을 사서 진씨에게 주었다. 진씨가 하루는 음식을 차려 어머니를 제사 지냈더니, 어머니가 꿈에 나타나서, "내가 먼젓번에 너에게 『법화경』 한 질을 써 달라고 했는데 왜 써 주지 않느냐?" 하고 나무라는 것이었다. "벌써 한 질을 사 놓았어요." 하고 딸이 대답하니, 어머니가 하는 말이, "나는 그 경 때문에 더 무거운 죄를 받았으니, 옥졸이 내 등을 때려 터트렸다. 그 범가范家의 경을 취하여 내 몫으로 했기 때문이다." 하였다.
딸은 꿈에서 깨어나 급히 사람을 시켜 새로이 『법화경』을 베껴 쓰게 하였다. 경이 완성되자 어머니가 또 꿈에 나타나 말하였다.

"새로 쓴 경의 힘으로 나는 이미 지옥에서 벗어나 좋은 곳에 가 몸이 편안해졌기에 와서 네게 알려 주는 것이다. 너는 깊이 믿어 세상을 잘 살아가도록 하여라."

전에 산 경을 가져다가 조사해 보니 과연 범씨가 베껴 쓴 것이었다. 당 용삭龍朔(661~663) 때의 일이다.

【『법원주림전法苑珠林傳』.[31] 도세道世 스님이 엮은 것으로 그 1백 권이 장경에 들어 있다.】

亡母脫苦

長安通軌[1)]坊。劉公信妻。陳氏之母。因病先卒。後陳氏暴亡。見一人引入地獄。徧覩諸罪相。後見一獄。石門忽開。母在其中。受極重苦。母見女曰。汝可爲吾。寫法華經一部。使吾脫免。言已門閉。陳氏再蘇。說之公信。即憑妹婿趙師子。寫是經。忽有經生。持新寫蓮經一部。來貿錢。趙言幸有此經。可贖之。不必寫也。劉從之。授與陳氏。陳氏一日。設母食。乃夢母曰。吾先令汝寫經一部。何不爲之。女曰已爲贖一部訖。母曰吾爲此經。增受重罪。獄卒打吾脊。破以不合。取范家經。爲已有故。女夢覺。急請人書之。經成又夢。母報曰。吾承經力。已脫冥司。好處安身。今來報汝。汝當信心。好住世間。及詢前經。果是姓范人寫。唐龍朔中也【出法苑珠林傳。釋道世撰也。有一百卷入藏本。】

---

1) ㉺ '軌'가 을본에는 '輙'으로 되어 있다.

---

31 『법원주림전法苑珠林傳』: 『법원주림法苑珠林』 100권은 당나라 도세(?~683)가 편찬한 불교 백과사전이라고 할 수 있다. 겁량劫量편·삼계三界편……전기傳記편 등 100편 668부로 분류하여 불교의 사상·술어·법수 등을 개설하였다. 여기서는 전기편만을 말한다.

2. 신인이 와 허공에 머물러 경을 듣다

현진玄眞 스님은 수춘壽春 사람이다. 영복사永福寺에서 『법화경』을 독송하고 있었는데 잠시도 게으름을 피우지 않았다.

어느 해 가을, 달이 밝은 밤에 스님이 『법화경』을 독송하고 있었는데, 제7권의 절반쯤 이르렀을 때 옆방에 있는 한 사문이 갑자기 일어나서 변소에 가려고 방에서 나왔다.

뜰에 내려서 보니 밝은 달빛에 엄청나게 큰 사람의 그림자 같은 것이 마당에 비치고 있었다. 무슨 그림자인가 하고 머리를 들어 사방을 둘러보니, 공중에 한 신인神人이 의연히 머물고 있는 것이었다. 스님은 발끝을 세우고서 우러러보면서 오랫동안 걸음을 옮기지 않았다. 현진 스님의 『법화경』 독송이 끝나자 신인도 갑자기 보이지 않았다. 그 스님은 이때부터 『법화경』을 배워 독송하고 지니기를 종신토록 게을리 하지 않았다.

【『홍찬법화전』 권8】

神人住空

釋玄眞。壽春人也。居永福寺。誦法華經。無時懈息。時於秋天月夜。持誦此經。至第七卷方半。比房有一沙門。忽起如厠。乃見庭中。有大人形影。因擧頭四望。卽觀空中。有一神人。嶷然而住。此沙門 因立足瞻仰。更不移步久之。經文亦了。神忽不現。其僧從此。始學誦持。終身不懈。【出弘贊第八】

3. 물도 떠내려 보내지 못하다

당나라 무덕武德 연중(618~626)에 소장蘇長이라는 사람이 파주 자사巴州刺史에 임명되어 가족을 데리고 부임길에 올랐다.

도중에 가릉강嘉陵江을 건너게 되었는데 중류에 이르렀을 때 바람이 크게 일어 배가 뒤집혀서 남녀 60여 명이 몰살했다. 그런데 오직 여자 하인 한 사람만이 살아났다. 그녀는 항상 『법화경』을 독송하고 있었는데, 배에 파도가 쳐들어오자 『법화경』을 머리에 이고 경전과 목숨을 함께하리라 맹세하였다.

이에 여인은 물에 빠지지 않고 물결을 따라 떠내려가다 이내 기슭에 닿았다. 뭍에 올라 경전 상자를 열어 보니 『법화경』이 조금도 젖지 않았다. 그녀는 뒤에 양주로 시집가 살았는데 『법화경』을 믿고 독송함이 오히려 전보다 더 독실하였다.

【『법원주림』,『홍찬법화전』 권9,「현응록」】

水不能漂

唐武德中蘇長。授巴州刺史。帶家族赴官。因渡嘉陵江。中流風作。船帆傾沒。男女六十餘人。一時喪失。唯一女使。常讀法華經。浪入船中。女乃頭戴經凾。誓與俱沒。旣而女即不沈。隨波泛泛。頃刻至岸。捧凾而上。開視其經。了無霑濕。此女後嫁於楊州。其[1]篤信讀誦。愈於舊也。【出法苑珠林傳。又出弘贊第九及現應錄】

---
1) ㉾ '其'가 을본에는 '某'로 되어 있다.

4. 시체에서 냄새가 나지 않다

도사道士 사숭史崇은 장안 교남郊南 사람이다. 어려서 도교를 믿어 황건黃巾을 쓰고 현도관玄都觀(도교의 절)에 머물렀다. 뒤에 갑자기 발심하여 하루에 한 번씩『법화경』을 독송하고 개인적으로 불상을 모시고 매일 여섯 차례 예배 참회하니, 매양 여러 도교인들의 미움을 받았다. 그로 인해 퇴속했으나 더욱 애써서 독송하였다.

뒤에 사숭은 갑자기 병이 들어 죽었는데, 그때가 한여름이었는데도 시체가 조금도 부패하지 않고 오히려 향기가 났다. 친척과 이웃 사람들이 공경하여 담 옆에 감실龕室을 만들어 안치하고 때때로 찾아보았는데, 항상 좋은 향내가 났다.

그 뒤 1년가량 지나니 근육은 다 없어지고 오직 혀만이 남아 모양과 빛깔이 살아 있는 사람과 다르지 않았다. 어떤 사람이 의아하고 해괴하게 생각하여 불로 태워 보았으나 변하지 않았고, 도끼로 찍어 보았으나 깨뜨려지지 않았다. 원근의 많은 사람들이 모여들어 보고는 크게 신심을 일으켰다.

【『홍찬법화전』권8】

屍不生臭

道士史崇。長安郊南人也。小屬道流。早預黃巾。住玄都觀。後忽發心。誦法華經。日恒一徧。私立佛像。六時禮懺。每爲諸道所嫉。因玆返俗。彌精誦。後忽染患身亡。時在盛夏。一無變壞。唯聞香氣。親里敬之。鑒[1]龕安堵側。時時常聞妙香。後經年餘。筋肉都盡。唯舌形顏色。與常人不異。或有疑駭之者。乃火燒不變。斧斫無損。遠近見聞。信倍恒百。【出弘贊第八】

---
1) ㉥ '鑒'이 을본에는 '鑿'으로 되어 있다.

5. 범이 울부짖어 도적을 물리치다

법애法愛 스님은 장사長沙 사람이다. 『법화경』을 독송하였는데 볼일이 있어 교지交趾[32]에 갔다. 마침 그 지방 사람들이 반란을 일으켰다. 스님은 몸을 피해 숨기고 있다가 갑자기 다섯 명의 도둑에게 붙잡혔다. 도둑들은, "우리가 밥을 다 먹고 나서 저 도인을 죽여 없애 버리자." 하였다.

꼼짝없이 죽었구나 하고 생각하고 있던 스님이 무심코 벽 쪽을 보니 창이 한 개 있었다. 스님은 그것을 가지고 얼른 밖으로 나와 북쪽을 향해 달렸다. 도둑들이 밥을 다 먹고 일어나 스님이 멀리 달아나는 것을 보고 급히 뒤쫓아 왔다.

스님은 가시덤불 숲에 이르러 숨으려고 그 속으로 들어갔다. 덤불 속에는 호랑이 두 마리가 나란히 누워 있다가 스님이 온 것을 보자 일제히 머리를 들어 스님을 바라보았다. 스님은 소스라치게 놀라 엉겁결에 말했다.

"두 분 단월檀越이여, 빈도는 도둑들에게 쫓겨 급한 김에 단월께 왔습니다. 구원해 주시기 바랍니다."

두 호랑이는 곧 밖으로 나가더니 큰 소리를 지르면서 도둑에게 달려드는 것이었다. 도적들은 혼비백산하여 달아나 흩어졌다. 스님이 다시 북쪽으로 향해 달리니 호랑이가 뒤따라와 스님을 보호해 주었다. 얼마를 달렸는지 강가에 이르렀다. 어떤 사람이 음식을 가지고 있다가 스님에게 주었다. 스님은 배고프던 참이었기 때문에 맛있게 먹었다. 스님이 곧 물을 건너 건너편 언덕으로 올라가니, 호랑이는 더 이상 따라오지 않고 돌아서 가버렸다.

---

32 교지交趾 : 지금의 베트남 북부 통킹·하노이 지방을 포함한 손코이 강 유역의 옛 명칭. 중국 한漢나라 무제 때 남월南越을 정복하고 그 지역에 설치한 군郡 이름으로, 후에 교주交州로 개칭되었다.

언덕에서 또 두 사람을 만나 같이 지내게 되었다. 그들은 맛있는 음식을 많이 차려 주었다. 새벽녘에 두 사람은 작별하면서, "그저 북쪽으로만 가십시오. 그러면 환난을 면할 것입니다." 하고 신신당부하였다. 그래서 스님은 그들의 말대로 북쪽으로 향하여 걷기 시작했다. 30여 리쯤 갔을까 뜻밖에 옛 친구들을 만나서 서로 얼싸안고 기뻐했다. 비로소 환난을 완전히 면한 것이었다.

스님은 뒤에 여러 스님들과 신자들에게 겪은 일을 이야기하였는데, 나중에 어디서 입적했는지는 알 수 없다.

【『홍찬법화전』 권7】

虎吼退賊

釋法愛。長沙人也。誦法華經。因緣往交趾。值交人反亂。愛隨例藏避。忽爲五賊所得。置在一處。口云待我食竟。殺却道人。愛乃見壁邊。有一槊子。挾將出外。向北直走。賊食竟起。遙似[1]見愛。奔馳競往。愛到一棘林。即投中隱避。乃遇兩虎。相抱而臥。虎見愛來。並擧頭看愛。愛轉惶懼。口云二檀越。貧道被賊逐。急投檀越。願將接救護。二虎即出外。奮迅驚吼。賊便退散。愛又北走。虎隨送之。到一水邊。見人持數片飲食。授與愛。愛[2]而食之。氣味甚美。即便渡水上洲。虎亦捨去。仍宿洲上。又遇二人。亦同在宿。大設異味。至曉[3]方別。仍又囑云。但北向行。自當得脫。於是北出三十餘里。乃逢舊知。相見歡喜。始得免脫。愛後向道俗說之。不知所終。【出弘贊第七】

---

1) ㉯ '似'가 을본에는 '以'로 되어 있다. 2) ㉯ '愛'를 을본의 관주에서는 '受'로 추정한다. 3) ㉯ '曉'가 을본에는 '曉'로 되어 있다.

6. 글자가 금 글씨로 변하다

장만복張萬福이라는 사람이 정관貞觀 연중(627~649)에 낙주 자사洛州刺史가 되었다. 성품이 거칠고 포악하여 공경심과 믿음이 없었다.

그는 부임해 가자마자, "관내에 덕행이 높은 중들이 있느냐?" 하고 물었다. 좌우에서 보고하기를, "근처에 묘지妙智라는 비구니가 있는데 깊이 정진하고, 또 『법화경』 한 질을 만들어 가르침대로 잘 받아 지니고 공양하고 있어서 그 명성이 그 고장에서는 자자합니다." 하고 대답하였다.

만복은 시험 삼아 사람을 보내서 그 『법화경』을 가져오라고 하였다. 그러자 스님은 이를 거절하고 주지 않았다. 사군使君이 청정함을 지키지 않고, 또 재계하지 않았기 때문이라 하였다.

만복이 크게 노하여 다시 사람을 보내왔기에 스님은 더 이상 거절할 수 없어 『법화경』을 내주었다. 만복은 『법화경』을 얻기는 하였으나 끝내 손도 씻지 않고 경을 펴 보았다. 그러나 그것은 모두 누런 종이였고, 글자는 한 자도 없었다. 만복은 크게 노하여, "이런 요망한 노인네가 있나. 내 어찌 더 이상 참겠는가." 하고, 곧 좌우에 명하여 당장 스님을 잡아오라고 하였다. 사자使者가 스님에게 가서 말하였다.

"스님의 경전에 글자가 한 자도 없어서 자사께서 크게 노하여 스님을 잡아오라고 하였습니다."

스님은 이유도 모른 채 두렵고 걱정이 되어 땀이 온몸을 적셨다. 사자를 따라 자사의 관아에 이르러 문안으로 들어서니, 두 금강신이 금강서金剛杵를 두 손으로 받들어 스님에게 드리는 형상을 하고 있었다. 스님은 겨우 마음이 놓였다. 바로 안으로 들어가 자사의 앞으로 나아가자 『법화경』이 허공으로 올라가 글자가 모두 금자金字로 나타났다.

자사는 스님이 이르자마자 금강신과 허공에 떠 있는 금자를 보고 놀라고 두려워 급히 대청 아래로 달려 내려가 스님 앞으로 가서 슬피 울며 사죄 참회하고 예배하였다. 마침내 마음을 돌려 신심을 일으키고 『법화경』 1천 부를 조성코자 발원하여 널리 사방에 공양하고 자기도 『법화경』을 받아 지녀서 게으름이 없었다. 자사가 스스로 마음을 돌린 후 사람들은 모두 『법화경』을 읽는 것으로 일을 삼았다.

만복이 『법화경』을 조성한 이유를 물으니, 스님이 말해 주었다.

"경을 조성할 생각을 하고는 먼저 산중에 닥나무를 심고 늘 향 물을 주어 잘 자라게 했습니다. 그리하여 닥나무가 크게 자란 다음 진흙에 향 물을 섞어 종이 뜨는 집을 짓고, 닥나무 껍질을 벗겨서 법식대로 향 물로 깨끗이 하고, 직공을 고용하여 종이를 만들었습니다. 그리고 청정하게 지킬 수 있는 사람을 수소문하여 모집했더니, 스물네댓 살쯤 된 강남 사람이 모집에 응해 와서 『법화경』을 베껴 쓰게 했는데, 우선 진흙에 향 물을 섞어서 청정하게 집을 지었습니다. 서생은 새로 지은 깨끗한 옷을 입고, 사경을 하기 전에 49일 동안 채식을 지킨 뒤에 비로소 썼습니다. 외출했을 때에는 돌아와 목욕을 하고 옷을 갈아입은 다음에 다시 썼습니다. 쓸 때는 소승이 손에 향로를 들고 그 경 앞에 꿇어앉아 서생을 공양했습니다. 『법화경』은 이처럼 조금도 모자람이 없이 정성을 다하여 장엄하게 성취한 것입니다. 그리고 비구·비구니·우바새·우바이를 위한 네 종류의 옷을 각각 열 벌씩 만들어 두고 경전을 빌리러 오는 사람이 있으면 미리 이레 동안 목욕재계하여 깨끗이 한 뒤에 새 옷을 주어 입게 한 다음에야 경전을 주었습니다. 이렇게 공경하면 영원히 훼손되지 않을 것입니다."

【『홍찬법화전』 권10】

字化爲金

張萬福。貞觀中。爲洛州刺史。其人性麁獷。不甚敬信。初至任所。問訪左右。管內有何德行衆僧。左右報云。廊下有一尼。名妙智。甚精進。又造一部法華經。如法受持供養。緣此譽滿鄉閭。萬福試使人索經來看。尼聞刺史索經。拒而不與。爲使君不護淨。又未齋潔。萬福大嗔。更使人往。尼不敢留。即付經去。萬福得經。竟不洗手。即取經開。卷中並黃紙。遂無一字。萬福大怒曰。此妖老嫗。何由可耐。即命左右。追㘅[1]尼來。使往語尼曰。師經上並無一字。使君大嗔。令追師來。尼甚憂懼。莫知所由。汗流浹體。隨使往至刺史牙門。入屛墻。尼見一雙金剛。手擎杵棒。如似授尼。尼遂心安。即入至刺史前。其經文並在空中。化作金字。刺史見尼至。并見金剛及金字在虛空中。因即驚懼。走起下廳。號咷悲泣。謝罪懺悔禮拜。遂即廻心。信向發願。造法華經一千部。通十方供養。仍自受持。不敢懈怠。自刺史歸向之後。人皆以法華爲業。萬福乃問。造經由緒。尼曰。欲造經之時。於山中。先種穀[2]樹。每用香水溉灌。令得滋長。樹成之後。以香水和泥。造作紙屋。乃採取穀皮。雇匠如法。香水淸淨造紙。募訪能護淨之人。後有一江南人士。年可二十四五。應募爲書。其書經屋。還以香水和泥。淸淨造屋。書生著新淨衣。未寫經前。預四十九日。護淸淨齋。然後始書。每出訖。改易衣服洗浴畢然後。始就書。書時尼手執香爐。胡跪經前。供養書生。如是不闕經了。莊嚴成就。乃作僧尼男女四色人衣各十通。每來借經。預令七日護淨。兼與新衣著然後。始付經。如是恭敬。永不虧闕。【出弘贊第十】

---

1) ㉮ '㘅'이 을본에는 '取'로 되어 있다. 이하 동일. 2) ㉮ '穀'이 을본에는 '榖'로 되어 있다. 이하 동일.

제14단 「(관세음보살)보문품」

1. 불도 태우지 못하다

사문 법지法智가 재가자(白衣)였을 때 혼자서 넓은 못가를 걷고 있었는데, 갑자기 맹렬한 불길이 사방에서 일시에 일어났다. 이제는 꼼짝없이 죽었구나 생각하면서 얼굴을 땅에 대고 지극한 마음으로 '관세음보살'을 불렀다. 그러자 이상하게도 불은 그에게로 번져 오지 않았다. 고개를 들어 살펴보니, 못가의 풀들이 아주 작은 것까지 모두 타 버렸는데, 오직 그가 엎드려 있던 곳만은 타지 않았다.[33] 그는 이 일로 인하여 크게 감동하여 속세를 떠나 출가하였다.

【『진조사부관음전晉朝謝敷觀音傳』】

火不能燒

沙門法智。爲白衣時。獨行大澤。猛火四面。一時俱起。自知必死。乃合面於地。至心稱觀音。恠火不至。擧頭看之。一澤之草。纖微皆燼。唯所伏地。火不燒耳。因此感悟。捨俗出家。【出音[1] 朝謝敷觀音傳】

1) ㉠ '音'이 을본에는 '普'로 되어 있으나, 법지 스님이 진晉나라 때 스님이므로 '晉'으로 보아야 할 듯하다.

---

33 이 영험은 「관세음보살보문품」 제25에서 "만일 관세음보살 명호를 지니는(부르는) 자는 설령 큰불에 들어가더라도 불이 능히 태우지 못하니, 이 보살의 위신력 때문이다."(T9, 56c)라고 함에 근거한다.

2. 물에도 떠내려가지 않다

중서령中書令 잠문본岑文本은 강릉江陵(중국 湖北省에 있음) 사람이다. 어려서부터 불교를 믿어 항상 『법화경』 「보문품」을 독송하고 있었다. 한번은 오송강吳松江[34]을 건너다가 중류에서 바람이 일어 사람과 배가 모두 침몰하였다. 문본이 수면 위로 떠오르니, 어디선가 사람의 말소리가 들려왔다.

"부처님을 염하고 경을 외우기만 하면 절대로 죽지 않을 것이다."

이와 같이 세 번 듣고 나서 그는 물결에 따라 흘러가 강기슭에 닿을 수 있었다.[35]

문본이 뒤에 강릉에서 재를 베푸니 승려들이 구름처럼 모여들었는데, 한 스님이 혼자 뒤에까지 남아 있다가 가면서 문본에게 말하였다.

"천하에 곧 큰 난리가 날 텐데 당신은 다행히 해를 입지 않고 태평 시대를 만나 크게 부귀를 누릴 것입니다."

이렇게 말하고서 가 버렸다. 뒤에 문본은 어느 때 밥을 먹다가 갑자기 밥그릇 속에서 한꺼번에 사리舍利 두 과를 얻고 태평 시대를 만나 부귀를 누렸으니, 모두 스님의 말과 같았다.

【『영서집』, 『현응록』】

水不能漂[1]

中書令岑文本。江陵人也。少懷正信。常誦法華普門品。過吳松江。中流風

---

34 오송강吳松江 : 오강吳江 또는 송강松江이라고도 한다. 태호太湖에서 시작하여 상해를 지나 황포강黃浦江으로 흘러 들어간다.
35 이 영험은 「관세음보살보문품」 제25에서 "만일 큰물에 빠졌을지라도 그 명호를 부르면 곧 얕은 곳에 이르리라."(T9, 56c)라고 함에 근거한다.

作。人船俱沒。文本浮在水面。聞人語曰。但念佛誦經。必不死也。如是者三。自此隨波。達于址岸。後於江陵設齋。雲²⁾徒並集。有一僧獨後去。謂文本曰。天下方亂。君幸不遇害。當逢大平。致富貴也。言已而去。文本忽一時食。椀³⁾中得舍利二⁴⁾顆。獲大平富貴。皆如僧言。⁵⁾

1) ㉮ 원문에는 소제목 뒤에 '出靈瑞集又出現應錄'의 9자가 있으나 을본에는 없으므로 삭제하였다. 대신 을본에 의거하여 첫 번째 영험담의 마지막 부분으로 옮겨서 번역하였다. 아래 주 5) 참조. 2) ㉮ '雲'이 을본에는 '僧'으로 되어 있다. 3) ㉮ '椀'이 을본에는 '桄'으로 되어 있다. 4) ㉮ '二'가 을본에는 '土'로 되어 있으며, 관주에서는 '土'는 '七'로 추정한다. 5) ㉮ 을본에는 '言' 다음에 '出靈瑞集又出現應錄'이라고 되어 있다.

해염현海鹽縣(중국 절강성에 있음)의 어떤 사람이 물에 빠졌는데, 함께 탔던 사람들이 모두 죽었다. 그는 일심으로 '관세음보살'을 염하여 우연히 바위 하나를 만났다. 몸이 노곤하여 잠이 스르르 들었는데, 꿈에 배를 타고 가던 두 사람이 그를 배 위로 불러들이는 것이었다. 눈을 떠 보니, 과연 어떤 사람이 배로 그를 기슭까지 내려다 주고는 갑자기 없어져 버렸다.

【『사부관음전』】

海¹⁾鹽²⁾縣有人落水。同伴皆沉。此人稱觀音。遇得一石。困倦如眠。夢³⁾見兩人。乘船喚入。開眼果見有人。船送達岸。已遂不見之【出謝敷傳】

1) ㉮ 을본에는 이 앞의 행 사이에 소제목으로 '又'라고 되어 있다. 2) ㉮ '鹽'은 을본에 '濫'으로 되어 있다. 3) ㉮ '夢'이 을본에는 '船'으로 되어 있다.

3. 나찰귀의 환란을 모면하다

외국 사람 백여 명이 배로 사자국師子國[36] 부남扶南(지금의 태국에 있던 나라)으로 가다가 폭풍을 만나 나찰 귀신들의 나라에 떨어졌는데, 귀신들이 달려들어 뱃사람들을 잡아먹으려고 하였다.

모두들 두려워서 같이 '관세음보살'을 불렀지만, 그중 한 소승小乘의 사문은 이를 믿지 않고 '관세음보살'을 부르지 않았다. 귀신들이 '관세음보살'을 부르지 않은 사람을 찾아내어 잡아먹으려고 하자, 그 사문도 두려워서 진심으로 '관세음보살'을 불러 화를 모면하였다.[37]

【『사부관음전謝敷觀音傳』】

脫羅刹難

外國百餘人。從師子國。向扶南。忽遇惡風。墮鬼國。鬼便欲食。一船人衆。怖稱觀音。其中有一。小乘沙門。不信不稱。鬼便索之。心怖稱名亦免【出謝敷觀音傳】

---

36 사자국師子國・승가라국僧伽羅國 또는 집사자국執師子國이라 한다. 지금의 스리랑카이다. 원래 나찰귀의 나라였던 것을 승가라가 평정하여 승가라국을 세웠나. 『서역기』 등에 전한다.
37 이 영험은 「관세음보살보문품」 제25에서 "가령 흑풍이 불어서 그 배가 표류하여 멀리 나찰귀의 나라에 떨어지게 되었을지라도 만일 한 사람이라도 관세음보살의 명호를 부르면 이 모든 사람들이 다 나찰귀의 환난을 벗어나게 된다."(T9, 56c)라고 함에 근거한다.

4. 폭풍이 배에 휘몰아치다

신라 때 보개寶開라는 여인이 서울(경주) 우금방隅金坊[38]에서 살고 있었는데, 장춘長春이라는 아들이 하나 있었다. 그 아들이 상선商舶을 타고 바다로 나가서 돌아올 날짜가 지났으나 그 뒤의 소식을 알 수가 없었다. 어머니는 아침저녁으로 근심하고 걱정하여 몸까지 몹시 초췌해졌다.

그러다가 다행히 "관세음보살께서 널리 듣고 신통한 힘을 나타내시어 설사 폭풍이 불어 배가 표류하여 나찰귀의 나라에 떨어지더라도 관세음보살의 이름을 부르면 곧 환난에서 벗어날 것"[39]이라는 말을 듣고, 곧 깊은 신심이 생겨 민장사敏藏寺에 있는 관세음보살상 앞에서 이레를 기약하고 부지런히 마음을 다해 기도를 시작했다. 이레째 되는 날 갑자기 장춘이 나타나 어머니의 손을 잡았다. 너무도 놀랍고 기뻐서 눈물을 흘리면서 함께 울었다.

절의 스님이 괴이하게 여겨 그 까닭을 물으니, 장춘이 대답하였다.

"내가 집을 떠나 바다로 들어갔다가 갑자기 폭풍을 만나 함께 배에 탔던 다른 사람들은 다 고기밥이 되고 나만 혼자 널빤지를 타고 표류하다가 오吳나라에 도착했는데, 그 나라 사람이 나를 데려다가 종으로 부렸습니다. 하루는 들에 나가 밭을 갈고 있는데 기이한 차림의 스님이 와서 말하기를, '고국이 생각나지 않느냐?'라고 하기에, 나는 그의 앞에 꿇어앉아서, '늙으신 어머님이 계시어 그리운 마음이 간절합니다'라고 하였습니다. 그러자, '만약 어머니를 만나고 싶거든 나를 따라오라!'라고 하여 동쪽으로 가기에 나는 곧 뒤를 따라갔습니다. 깊은 도랑이 있어 스님이 내 손을

---

38 우금방隅金坊 : 『삼국유사』「민장사敏藏寺」조에는 '우금리禺金里'로 되어 있다.(T49, 993a)
39 앞의 주 37 참조.

잡아 이끌어 건너는데⁴⁰ 정신이 몽롱해져서 마치 꿈속과 같더니, 갑자기 우리나라의 말이 들리고, 민장사의 관음상 앞에 와 있었습니다. 이내 우리 어머님인 줄 알았지만 오히려 꿈속과 같았습니다."

당 현종 천보天寶 4년 을유(745, 신라 경덕왕 4년) 4월 8일 신시申時(오후 3시~5시)에 오吳나라를 떠나 술시戌時(오후 7시~9시)에 이곳에 닿은 것이다.

경덕왕이 이 소문을 듣고 깊이 공경하여 우대하고 재물을 내려 영구히 공양할 수 있도록 하는 한편, 매년 4월 8일이면 절에 행차하여 부처님을 예찬禮讚하는 것을 영원한 법도로 정하였다. 어머니 보개와 아들 장춘은 인근 마을의 청신사와 청신녀 들⁴¹과 더불어 함께 금으로 쓴『법화경』한 부를 조성하고, 매년 봄 3월이 되면 도량을 세워『법화경』의 미묘하고도 깊은 이치를 널리 폈으며, 수행에 정진하고 관세음보살을 공경 예배하여 큰 은혜에 보답하고자 하였다.

【『민장사기敏藏寺記』,『계림고기雞林古記』,『해동전홍록』】

黑風吹其船舫

新羅時。有女名寶開。居王京隅金坊。有一子。名長春。隨商舶。泛海而去。過期不知所之。朝夕思念。至於憔悴。幸聞普門示顯神通之力。假使黑風吹其船舫。漂墮羅利鬼國。稱其名故。即得解脫。便生深信。就敏藏寺觀音像前。約一七日。精勤祈禱。至七日。忽感長春。執母手。驚喜哭泣。寺僧怪問所由。春曰離家泛海。忽值惡風。同船之人。皆葬魚腹。余獨乘一板。至於吳。吳人收之奴。使之耕於野田。忽有異僧來謂曰。憶汝國乎。余即跪曰。有老母在。戀慕無極。僧曰若欲見母。隨我而來。言訖東行。余隨之。有一渠。僧乃執手超之。昏昏如夢。忽聞羅¹⁾語。到此敏藏寺像前。雖審知我母。

---

40 『삼국유사』「민장사」조에서는, "앞에 깊은 도량이 있어 스님이 겨드랑이에 끼고 뛰어넘었다.(前有深渠。僧掖我跳之。)"라고 하였다.(T49, 993a)
41 청신사와 청신녀 들 : 청신사는 남자 신도, 청신녀는 여자 신도를 말한다.

猶疑夢中矣。即天寶四年乙酉。四月八日。申時離吳。戌時到此堂中。景德王。聞而敬重。優須²⁾信貽。永充供養。每於月生八日。幸寺禮讚。永爲定式。寶開與長春。約結鄰里。淸信士女。特成金字蓮經一部。每至春三月。爲立道場。敷宣妙理。精修禮敬。仰賽玄恩。【見³⁾敏藏寺記。及⁴⁾雞林古記。略見⁵⁾傳弘錄。】

---

1) ㉑ '羅'가 을본에는 '母'로 되어 있다.   2) ㉑ '須'이 을본에는 '頒'으로 되어 있다.
3) ㉑ '見'이 을본에는 '出'로 되어 있다.   4) ㉑ '及'이 을본에는 '又見'으로 되어 있다.
5) ㉑ '略見'이 을본에는 '又略'으로 되어 있다.

5. 칼로 내리쳤으나 칼이 조각조각 부러지다

진晉나라 태원太元(동진 효무제 376~396) 때 팽성彭城에 사는 어떤 사람이 도둑으로 몰려서 관가에 체포되었다.

그는 본래 금불상을 공양하여 상투 속에 넣어 가지고 있었다. 마침내 참형을 받게 되어 칼을 내리치니 쇳소리만 쨍그랑 하고 났다. 세 번을 내리쳤으나 아무렇지도 않았다.[42] 상투를 풀어 살펴보았더니 금불상에 세 군데 흠이 나 있었다. 이로 인하여 그는 죄를 사면 받았다.

【『사부관음전』】

刀[1]段段壞

晉太元[2]中。彭城有一人。被枉爲賊。其人本曾供養金像。帶在髻中。後伏法刀下。聞金聲。刀三斫[3]頸。終無異解。看像有三痕。由是免罪【出謝敷觀音傳】

1) ㉑ '刀'가 을본에는 '刀'로 되어 있다. 이하 동일. 2) ㉑ 을본에는 '元'이 없다. 3) ㉑ '斫'이 갑본에는 '所'로 되어 있다.

고간高簡이라는 사람이 법을 어기고 죄를 지어 처형을 받게 되었는데 일심으로 귀의하였더니, 옥졸이 칼로 목을 내리치면 칼이 부러지고, 끈으로 목을 조르면 끈이 끊어져 나갔다. 그리하여 처자와 자신을 팔아서 5층 탑을 세웠다.

---

42 이 영험은 「관세음보살보문품」 제25에서 "만일 사람이 해를 입게 되어 관세음보살의 명호를 부르면, 지들이 가지고 있는 칼과 막내기가 모두 소각으로 무서져 벗어나게 되리라." 함에 근거한다.(T9, 56c)

又[1]

有高簡。犯法臨刑。一心歸命。下刁刁折。絞之寸斷。遂賣妻子及以自身。起五層塔。

---

1) ㉮ '又'는 원문과 을본에 모두 소제목과 같이 별도의 행으로 배치되어 있다.

6. 칼과 쇠사슬이 저절로 벗겨지다

진晉나라 장창張暢이 초왕譙王이 되었는데, 그는 장사왕長史王과 함께 어떤 사건에 관계되어 정위廷尉(감옥을 담당하는 벼슬)에 체포되어 갇히게 되었다. 장창은 일찍부터 바른 믿음을 가지고 있어서 곧 발심하여 『법화경』「보문품」을 1천 번이나 독송하며 죄를 면해 벗어날 수 있기를 구했다. 마음의 생각과 입으로 하는 말이 지극해지자[43] 칼과 쇠사슬이 저절로 끊어지고 부서져서 두 사람이 함께 처벌을 면하였다.[44]

【『진사부관음전晉謝敷觀音傳』, 『현응록』】

枷鏁自脫
晉有張暢。爲譙王。長史王。與暢因事。繫廷尉。暢夙有正信。便即發心。誦法華普門品一千徧。以求脫免。念言之至。枷鏁尋即斷壞。二人俱得。出晉謝敷觀音傳【又出[1)]現應錄】

1) ⓦ '又出'이 을본에는 '及'으로 되어 있다.

개호蓋護는 산양山陽(중국 강소성에 있음) 사람으로 옥에 갇혀 죽게 되었는데, 사흘 낮 사흘 밤을 잠시도 쉬지 않고 열심히 '관세음보살'을 불렀다. 눈에 관세음보살의 모습이 보이고, 보살이 빛을 놓아 그를 비추니 자물쇠(鏁)가 벗겨지고 옥문이 열렸다. 개호가 그 빛을 찾아 따라가기를 20리쯤

---

43 마음의 생각이 지극해지면 삼매三昧에 들어간 것이고, 말이 지극해지면 다라니가 이루어진 것이니, 이와 같은 상태에서 감응感應이 이루어진다.
44 이 영험은 「관세음보살보문품」 제25에서 "가령 또 사람이 죄가 있거나 혹은 죄가 없거나 서고랑으로 채우고 칼을 씌워서 그 몸을 결박하였을시라도 '관세음보살' 명호를 부르면 다 끊어지고 부서져서 곧 벗어나리라."라고 함에 근거한다.(T9, 56c)

지나니 어느덧 빛이 사라졌다.

【『진사부관음전』, 『현응록』】

蓋¹⁾護山陽人。繫獄應死。三日三夜。稱名無間。眼見觀音。放光照之。鏁脫門開。尋光而去。行二十里。光明方息。【出處上同²⁾】

---

1) ㉘ 을본에는 이 앞의 행 사이에 소제목으로 '又'라고 되어 있다. 2) ㉘ '上同'이 을본에는 '同上'으로 되어 있다.

7. 도적이 해치지 못하다

 진晉나라 융안隆安(397~401) 때 스님 혜달慧達이 산 북쪽 등성이에서 감초甘草를 캐고 있었다. 이때 서쪽 오랑캐 강인羌人(지금의 티베트 족)들이 굶주려 사람들까지 잡아먹고 다녔다. 스님이 그만 그들에게 잡혀 여러 사람과 함께 우리 안에 갇혔다. 살찐 사람부터 골라서 잡아먹으니, 스님은 두려워서 일심으로 관세음보살의 이름을 부르고「보문품」을 독송하였다.

 한 사람 한 사람 다 잡아먹고 이젠 스님과 어린아이 하나만 남아서 목숨이 하루밖에 남지 않았다. 스님은 여전히 일심으로 관세음보살을 부르고「보문품」을 독송하는 것을 포기하지 않았다. 이튿날 아침이 되자 갑자기 호랑이 한 마리가 풀 속에서 뛰쳐나와 크게 울부짖어 온 산이 진동하였다. 강인들이 두려워하며 달아나자, 호랑이가 입으로 우리를 물어뜯어 부수어 놓고 가니, 스님과 어린아이는 달아나 화를 면하였다.[45]

【『천태별행소』】

賊不能害

晉隆安中。僧惠[1]達。於山北隴。掘甘草。時羌人飢荒。捕人而食。達爲所獲。寘之柵[2]中。擇肥者先食。達懼甚。一心稱觀音名。誦普門品。食人取盡。唯達與小兒。在命只一日耳。達持念不捨。至旦[3]忽一虎。自草中跳出。咆吼震山。諸羌畏走。虎乃嚙柵而去。達與小兒奔走得免。【出天台別行疏】

1) ㉮ '惠'가 을본에는 '慧'로 되어 있다. 2) ㉮ '柵'이 을본에는 '構'로 되어 있다. 이하 동일. 3) ㉮ '旦'이 갑본에는 '且'로 되어 있다. 이하 동일.

---

45 이것은「관세음보살보문품」제25에서 "만일 그 이름을 부르는 자는 그 원수 맺은 사나운 도둑에게서 벗어나게 하리라."라고 함에 근거한다. (T9, 56c)

상서尚書 서의徐義는 진나라 말엽에 군인들이 봉기하여 어지러울 때 도둑에게 붙잡혀 죽게 되었다. 도둑들은 그의 두 발을 땅에 묻고 머리를 나무에 꽁꽁 매어 놓았다.

밤이 되자 서의는 일심으로 '관세음보살'을 염하다가 잠시 잠이 들었다. 꿈에 어떤 사람이 나타나서, "지금이 얼마나 위급한 때인데 이렇게 잠을 자고 있습니까?"라며 나무라는 것이었다. 사의가 깜짝 놀라 잠을 깨 보니, 지키는 자들이 피곤하여 골아 떨어져 있었다. 그는 온 힘을 다해 가까스로 손으로 머리를 풀고 발도 빼내어 백여 걸음쯤 달아나 숲속에 숨었다.

얼마 후 도둑들이 추적해 오는데 그 횃불이 마치 별이 늘어선 것과 같았다. 그러나 아무도 끝내 서의를 찾아내지 못하고 날이 밝으니, 도적들은 모두 흩어져 가 버리고 서의는 화를 면하였다.

【『사부관음전』】

又

尚書徐義。秦末兵革蜂起。賊獲徐義。將欲殺之。乃埋兩足。編髮於樹。夜中至心專念觀音。有頃得眠。夢人謂曰。今事極矣。何暇眠乎。義便驚起。見守衛人。並疲而睡。義乃奮動。手髮既解。足亦得脫。行百餘步。隱草叢中。便聞賊追。火炬星陳。竟無見者。天明賊散。遂免之【出謝敷傳】

8. 아들을 소원하여 낳다

진晉나라 때 익주益州(중국 사천성) 사람 손도덕孫道德은 나이 50이 지나도록 자식이 없었다. 어느 날 한 스님이 일러 주기를, "일심으로 관세음보살을 부르고「보문품」을 독송해 보시오." 하여 그는 곧 이르는 대로 하였다. 며칠이 지나서 도덕이 꿈을 꾸고, 부인은 태기가 있어 마침내 아들을 낳았다.[46]

【『사부관음전』】

求男得男

晉時益州。孫道德。年過五十。未有子息。有僧令其至心稱誦觀世音經。其即依之。少日之中。而自得夢。婦即有孕。遂生男也。【出謝敷傳】

---

[46] 이것은『관세음보살보문품』제25에서 "만일 여인이 아들을 낳고자 하여 관세음보살을 예배하고 공경하면, 곧 복덕과 지혜를 갖춘 아들을 낳는다."라고 함에 근거한다.(T9, 57a)

9. 몸을 나타내 법을 설하다

당나라 태화太和(827~835) 때 문종文宗은 조개를 몹시 좋아해서 오랫동안 연해沿海 지방의 관리들이 번갈아 가며 조개를 진상하느라 백성들이 몹시 애를 먹었다. 하루는 황제의 반찬으로 오른 조개에 틈은 있는데 벌어지지 않은 것이 있었다. 황제가 기이하게 생각하고는 곧 향을 피우고 기원을 하였더니, 조개가 문득 보살의 형상으로 변하였는데, 모습도 매우 청정하였다.

황제는 계수나무와 향나무로 만든 함에 넣어서 아름다운 비단으로 덮어 흥선사興善寺에 내려 주고 스님들로 하여금 예배하게 한 다음 신하들에게 물었다.

"이것은 무슨 상서인가?"

한 신하가 앞으로 나아가 아뢰었다.

"대일산大一山에 유정惟政이라는 선사가 있는데 불법에 매우 밝고 학식이 많다고 합니다."

그리하여 황제는 곧 선사를 불러들여 그 일에 대하여 물었다. 스님이 말하였다.

"신臣이 듣건대 세상일은 반드시 감응하는 바가 있다 하오니, 이는 폐하의 신심이 나타난 것으로 생각됩니다. 경전에서도 말하기를, '이 몸으로 응하여 깨달음을 얻을 사람에게는 곧 이 몸을 나타내어 법을 설한다'[47] 라고 하였습니다."

그러자 황제가 말하였다.

---

[47] 「관세음보살보문품」 제25에서 "선남자여! 만일 어떤 국토 중생으로서 부처님의 몸이 되어 깨닫게 할 자에게는 관세음보살이 곧 부처님의 몸을 나타내어 법을 설하며……." 라고 하였다.(T9, 57a)

"보살의 몸이 이미 나타났는데 나는 설법을 듣지 못하였소."

그러자 선사가 물었다.

"폐하께서는 이것을 보시고 이것이 예삿일이라고 생각하십니까, 예삿일이 아니라고 생각하십니까? 이것을 믿으시겠습니까, 믿지 못하시겠습니까?"

"이것은 희유한 일이고 기이한 일이오. 나는 깊이 믿습니다."

"그러면 폐하께서는 이미 설법을 들으신 것입니다."

이에 황제는 기분이 좋고 즐거워서 일찍이 맛보지 못한 감동을 받았으며, 천하의 모든 절에 조서를 내려 각기 관음상을 모시라고 하여 이 큰 경사에 보답하게 하였다.【내가 찬탄한다. 관세음보살은 몸을 혀 삼아 법을 설하고, 문종은 마음을 귀 삼아 법을 들었네.】

現身說法

唐大和中。文宗嗜蛤蜊。沿海官吏。先時遞進。人亦勞止。一日御饌中。有擘不張者。帝以其異。即焚香禱之俄變。爲菩薩形。梵相具足。即貯以金粟檀香合。覆以美彩。賜興善寺。令衆僧瞻禮。因問群臣。斯何祥也。或言。大一山有惟政禪師。深明佛法。博[1]問强識。帝即令召至。問其事。師曰臣聞物無虛應。此乃啓陛下之信心耳。故契經云。應以此身得度者。即現此身。而爲說法。帝曰菩薩身已現。且未聞說法。師曰陛下。覩此爲常非常耶。信非信耶。帝曰希奇之事。朕深信焉。師曰陛下已聞說法了。時皇情悅豫。得未曾有。詔天下寺院。各立觀音像。以答殊休。[2]【[3]私云。菩薩以身爲舌而說。文宗以心爲耳而聽。】

---

1) ㉮ '博'이 을본에는 '慱'으로 되어 있다. 2) ㉮ '休'가 을본에는 '俗'으로 되어 있다.
3) ㉯ '私云' 이하 다음의 시 두 구절은 편찬자인 요원이 직접 붙인 찬贊이라는 뜻이다.

10. 소녀의 몸을 나타내다

마랑馬郎의 아내는 그 내력을 알 수 없는 사람이었다. 당나라 때 불교가 크게 융성하였는데, 협우陝右 지방의 관습은 말 타고 활 쏘기를 좋아하여 삼보三寶의 이름은 듣지도 못하였다.

여인은 이들의 어리석음을 불쌍히 여겨 그곳 사람들에게 소녀의 모습으로 나타나 홀홀 단신이니 양녀養女가 되고 싶다고 하였다.[48] 또한 말하기를, "저는 부모가 안 계십니다. 시집을 갈까도 생각하지만 세속의 재산 같은 것은 별로 좋아하지 않고, 다만 총명하고 착한 사람으로 능히 불경을 독송하는 분이라면 섬기고자 합니다."라고 했다. 많은 남자들이 그녀를 찾아왔다. 그녀는 그들에게 「보문품」을 나누어 주고 말하였다.

"이것을 하룻밤 사이에 다 외우는 분에게 시집가겠습니다."

이튿날 「보문품」을 완전히 외우게 된 사람이 20여 명이나 되었다. 여인은 말하였다.

"여자의 몸은 정조가 곧고 행동이 깨끗해야 합니다. 한 몸으로 여러 사람을 섬길 수는 없습니다. 여러분은 다시 다른 경전을 외워 보도록 하십시오."

이번에는 『금강반야경』을 주었다. 이튿날 아침 10여 명이 『금강반야경』을 외워 가지고 왔다. 다시 여인은 『법화경』 7권을 주면서 말하였다.

"사흘 동안 이것을 외워 보십시오."

약속한 날이 되었는데 마씨馬氏 아들 한 사람만이 『법화경』을 외워 가지고 왔다. 여인이 말했다.

---

[48] 「관세음보살보문품」 제25에서는, "동남동녀의 몸이 되어 깨닫게 할 자에게는 동남동녀의 몸을 나타내어 법을 설한다."라고 하였다.(T9, 57a)

"당신은 다른 사람들보다 아주 뛰어납니다. 부모님께 말씀드려 매파媒婆를 내세우시고 예물을 갖추어 보내십시오. 그리고 나서 혼인을 하십시다."

그래서 마씨는 예로써 여인을 맞아들였는데, 그녀는 대문 앞에 이르러 말하였다.

"마땅히 당신을 맞아들여야 하겠지만 지금은 몸이 다소 깨끗하지 못합니다. 다른 방에서 안정되기를 기다려 뵙겠습니다."

이로 말미암아 다른 방에서 안정을 취하였다. 하객들이 돌아가기도 전에 여인은 죽어 있었다. 시신이 금새 썩어 문드러지므로 곧 장사지내 주었다.

며칠이 지났다. 자색의 승가리(紫伽梨)[49]를 하였고, 모습이 남루한(古野) 한 스님이 찾아와서 그 여인을 찾았다. 마씨가 그를 무덤으로 인도하였다. 스님이 석장으로 모래땅을 파헤치니, 시체는 이미 없어지고 오직 금쇄골金鏁骨[50]만이 남아 있었다.

스님은 강물로 가지고 가서 목욕시켜 깨끗이 닦아 석장 끝에 매달고 대중에게 말하였다.

"이 성자는 당신네가 불교(正法)를 믿지 않음을 불쌍히 여겨 방편으로 타일러 교화한 것이니, 좋은 인연을 생각하여 고해에 떨어지는 것을 면하도록 하시오."

그리고는 갑자기 공중으로 솟아올라 어디론지 가 버렸다. 모두들 슬피 울며 우러러보고 수없이 예배하였다. 이때부터 이 지방 사람들이 모두 부처님을 받들고 경전을 독송하게 되었는데, 그것은 오로지 그 여인의 힘에 의한 것이다.

---

49 승가리 : 승려의 세 가지 옷(三衣) 중 가장 큰 것으로, 대의大衣 또는 중의重衣라고 한다. 설법과 탁발을 위해 왕궁이나 마을에 들어갈 때에는 반드시 이것을 걸친다.
50 금쇄골金鏁骨 : 금빛의 사슬처럼 이어져 있는 뼈.

산곡 도인山谷道人[51]의 관음찬觀音讚에서 이렇게 노래하였다.

만약 진실로 관세음보살을 뵙고자 하거든
금사탄金沙灘 마랑의 아내가 그분일세.

평강平江 만수 체萬壽體 선사는 다음과 같이 찬송하였다.

더없이 아름다운 저 여인 뉘집 딸이런가.
뛰어나게 총명한 이 사람은 마랑이로구나.
우습구나, 금사탄 기슭의 굳은 약속이여.
끝내 부부로서 한 쌍 이루지 못했네.

顯童女身

馬郞婦。不知出處。大唐隆盛佛敎。而陝右俗習騎射。箋聞三寶之名。婦憫其愚。乃之其所。人見少女。風韻單子。欲乞爲養。女曰我無父母。亦欲有歸。然不好世財。但聰明賢善人。能誦佛經。則願事之。男子衆皆聚觀。女卽授與普門品。若能一夕通此則歸之。至翌日誦徹者。二十餘輩。女曰女子一身。家世貞潔。無以一體事多人也。可更別誦。因授以金剛般若。至旦背者十數。女更授與法華經七軸。約三日通之。至期獨馬氏子能徹。女曰君旣能過衆人。可白父母。具媒娉送禮。然後成姻。及[1]馬氏以禮迎之。女將至門。且曰[2]適以應接。體中[3]少不佳。願求別室俟[4]安。與君相見。因頓止他房。筵客未散而女命終。而壞爛乃卜葬之。未數日。有僧紫伽梨。姿貌古野。來尋女子馬氏。引之葬所。僧卽以錫杖。撥開沙土。見屍已化。唯金鏁骨存

---

51 산곡 도인山谷道人 : 황정견黃庭堅(1045~1105)이다. 송대 시인이며, 거사로서 불교를 신앙하였다. 안휘安徽의 산곡사에서 유학遊學하였고, 만년에는 정사를 짓고 정토를 닦았다.

焉。僧乩就河浴洗。挑於錫上。謂衆曰。此聖者。憫汝等不信正法。方便諭化。當思善因。免墮苦海。忽然凌空而去。衆見悲泣。瞻禮不已。自尒一境奉佛誦經。由女之力也。山谷道人觀音讚云。若欲眞見觀世音。金沙灘頭馬郞婦。又[5)]平江萬壽體禪師頌曰。十分美貌誰家女。百倍聰明是馬郞。堪笑金沙灘畔約。始終姻婭不成雙。

1) ㉔ '及'이 을본에는 '乃'라고 되어 있다. 2) ㉔ '曰'이 을본에는 '白'으로 되어 있다.
3) ㉔ '中'이 을본에는 '小'로 되어 있다. 4) ㉔ '俟'가 갑본에는 '候'로 되어 있다. 5) ㉔ 을본에는 '又'가 없다.

11. 비구니의 몸을 나타내다

신라의 경흥 국사(憬興國師)[52]가 서울(경주) 삼랑사(三郞寺)에 있을 때 병이 들어 오랫동안 낫지 않았다. 하루는 한 비구니 스님이 찾아와 국사를 뵙기 청하였다. 제자가 그를 국사께 인도하였더니 말하였다.

"스승께서는 큰 법(大法)을 깨달으셨지만, 사대(四大)가 합하여 몸이 되었으니, 어찌 병이 없으실 수 있겠습니까? 병에는 네 가지가 있는데 다 사대에서 생겨납니다. 첫째는 몸의 병(身病)이니 풍병(風病)·황병(黃病)·담병(痰病)·열병(熱病)이 위주가 되고, 둘째는 마음의 병(心病)이니 미치광이(顚狂)·정신착란(昏亂)이 위주가 되고, 셋째는 외부로부터 받는 병(客病)이니 칼이나 막대기로 찍히고 다치거나 움직임이 지나쳐 피로함이 위주가 되고, 넷째는 서로 함께 존재하므로 생기는 병(俱有病)이니 굶주림·추위·더위·괴로움·즐거움·근심·걱정이 위주가 됩니다. 그 밖에 여러 가지 요소들이 어울려 서로 원인이 되어 만일 사대 중 하나라도 조화롭지 못하면 백 가지 병이 다 일어납니다. 지금 스승의 병환은 약으로 다스려 치료될 것이 아닙니다. 만약 우스꽝스러운 놀이를 구경하신다면 나으실 것입니다."

그래서 여러 사람이 열한 가지의 탈을 만들어 쓰고 춤을 추었다. 국사가 그 야릇하고 괴상한 모습에 매우 즐거워하다 보니, 어느덧 병이 다 사라진 줄도 몰랐다.

비구니가 떠나자 국사가 곧 사람을 시켜 그 뒤를 따라가 보게 했더니, 스님은 남화사(南花寺) 불전(佛殿)으로 들어가 숨어 버렸는데, 그가 가지고 있던 대나무 지팡이가 십일면관세음보살(十一面觀世音菩薩)의 상 앞에 놓여 있

---

52 경흥 국사(憬興國師) : 문무왕의 존신을 받고, 신문왕 때 국사(國師)를 지낸 고승이다. 학덕과 도예(道譽)가 뛰어난 분으로, 삼장(三藏)을 모두 통달하여 『법화경소(法華經疏)』를 비롯해 40여 부의 많은 저술을 남겼다.

었다.[53]

【『해동고승전』 권5】

顯比丘尼身

新羅憬興國師。住京師三郎寺。病久不瘳。有一尼請看。門人引視之。尼曰師雖悟大法。合四大爲身。豈能無病。病有四種。從四大生。一曰身病。風黃痰熱爲主。二曰心病。顚狂昏亂爲主。三曰客病。刀杖斫[1)]傷。動作過勞爲主。四曰俱有病。飢渴寒暑苦樂憂喜[2)]爲主。其餘品類。展轉相因。一大不調。百病俱起。今師之病。非藥石所療。若觀戲謔事則理矣。於是作廿[3)]一樣面而舞之。師視詭譎之態。頗歡悅。不知病之去也。尼出師使跡之。入南花寺佛殿而隱。其所持竹杖。在十一面觀音像前。【出海東高僧傳第五】

---

1) ㉤ '斫'이 갑본과 을본에는 '所'로 되어 있다. 2) ㉤ '曺'가 을본에는 '喜'로 되어 있다. 3) ㉤ '廿'이 을본에는 '十'으로 되어 있다.

---

53 「관세음보살보문품」 제25에서 "비구·비구니·우바새·우바이로 되어 깨닫게 할 자에게는 곧 비구·비구니·우바새·우바이의 몸을 나타내어 법을 설한다."라고 하였다.(T9, 57b)

제15단 「다라니품」·「묘장엄품」·「보현보살권발품」

1. 귀신이 구멍으로 빠져나가다

송宋나라 효건 초에 보명普明이라는 스님이 있었다. 어려서 출가하였는데, 성품이 순수하고 소박하였으며, 항상 채식菜食과 베옷으로 생활하였다. 스님은 『법화경』 독송을 일과로 하였다. 독송을 할 때는 특별히 마련한 옷을 입고 특별히 마련한 자리에 앉아 하는데 절대로 혼동하지 않았다. 독송이 「권발품」에 이르면 보현보살이 코끼리를 타고 그의 앞에 나타나 보였다.[54]

마을 사람 왕도진王道眞의 아내가 병이 위독하여 스님에게 주문을 외워 달라고 청했다. 스님이 막 문에 들어서자 병자가 기절하면서 갑자기 두어 자쯤 되어 보이는 너구리같이 생긴 것이 개구멍으로 빠져나가더니, 병이 깨끗이 나았다. 또 한번은 스님이 물가에 가니, 무당이 말하기를, "신들(神明)이 보명 법사님을 보고는 모두 달아나 버립니다."라고 하였다.

【『홍찬법화전』 권6, 『현응록』】

崇自出竇

宋建初[1]中。有僧普明。少出家。性純素常蔬食布衣。以法華爲日課。誦時有別衣別座。未嘗混雜。每誦至勸發品。卽見普賢乘象前立。鄕人王道眞妻病革。請師持呪方入門。病者悶絶。忽見一物。如狸長數尺。從狗竇出。其病

---

54 「보현보살권발품」 제28에서 보현보살이 부처님께 말씀드리기를, "이 경을 읽고 외우면 저는 그때 여섯 이빨의 흰 코끼리를 타고 큰 보살들과 함께 그가 있는 곳에 가서 저의 몸을 나타내어 공양하고 수호하며, 그의 마음을 편안하게 하겠습니다."라고 하였다.(T9, 61a)

即愈。又嘗行水旁。有巫者云。神明見明法師。悉皆奔走。【出弘贊第六。及顯[2)]應錄。】

---

1) ㉩ '建初' 앞에 '孝'가 누락된 것으로 보인다. 송나라에 '건초'라는 연호는 없으며, 『홍찬법화전』 권6(T51, 27c)에서는 "송宋 효건孝建 중에 85세로 입적하였다."라고 하였다. '효건'은 남조의 송 효무제孝武帝 때의 연호(454~456)이다. 2) ㉱ '顯'이 을본에는 '現'으로 되어 있다.

2. 귀신이 머리를 조아리다

보통寶通 스님은 깨끗한 수행(梵行)으로 불법을 부지런히 닦았는데, 『법화경』「다라니품」을 오랫동안 독송하여 약간 신령스런 이적이 있었다.

이때 양교촌楊橋村 조씨趙氏의 아내가 귀신이 들려 스님의 주문을 청했다. 그래서 스님이 그 집에 이르니, 귀신이 곧 형상을 나타냈다. 스님이 말하기를, "너는 이 마을에 있으니 마땅히 마을 사람들의 복을 일으켜 주어야 할 것인데, 어찌하여 도리어 사람에 붙어서 괴롭히느냐?" 하고 꾸짖었다. 그러니까 귀신이 말하기를, "그것은 제가 한 짓이 아니라 제 부하 졸개의 짓입니다." 하고 부하 졸개를 불러 그 앞에서 꾸짖고 벌을 주었다.

조씨의 아내는 병이 약간 차도가 있더니, 얼마 안 가서 다시 발병하여 하루 종일 노래를 부르고 무어라 중얼거렸다. 조씨는 다시 스님을 찾아와 알려 주었다. 스님이 다시 가 보니, 앞서 책망 받았던 귀신이 병상 앞에 서 있었다.

스님이, "저번에 타일렀는데 어찌하여 또 왔느냐? 만약 네가 지금 가지 않는다면 내 마땅히 주문을 외워서 네 머리를 깨뜨려 일곱 조각을 내어 아리수[55] 가지처럼 만들어 놓을 것이다." 하고 호통치니, 귀신이 황급히 머리를 땅에 조아리면서 제발 주문을 외우지 말아 달라고 애걸하였다.[56] 이때부터 부인의 병은 나았고, 귀신이 다시는 오지 않았다.

【『영서집』, 『홍찬법화전』 권7, 『현응록』. 수나라 개황開皇(581~600) 때의 일이다.】

---

55 아리수阿梨樹 : 난향蘭香이라고도 한다. 꽃이 필 때 나무 끝의 꽃이 일곱 갈래로 갈라진다고 하고, 혹은 난초 가지와 같이 떨어질 때 일곱 갈래로 갈라진다고 한다.
56 이 영험은 「다라니품」 제26의 게송에서 "만일 나의 주문에 따르지 않고 설법하는 사람을 괴롭히면, 머리를 일곱 조각으로 내어 아리수나무 가지와 같이 만들 것이니……."라고 함에 근거하였다.(T9, 59b)

鬼乃扣頭

寶通。梵行精修。長誦法華陁羅尼品。稍有靈異。時楊橋村。有趙氏家妻。爲神所魅。請通持呪。通旣至。神卽現形。通告曰神在村中。合當興福。如何反魅於人。神曰非弟子事。此乃部下小鬼耳。遂呼小鬼。至前嗔罰。趙妻因此得差。續後趙妻之病。仍發歌吟竟日。又來告通。通又去。[1] 見所責鬼。在病床前。通曰前曾誡治。那得再來。汝若不去。吾當誦呪。令汝頭破作七分。如阿梨樹枝也。鬼乃扣首求哀。不煩呪也。從此病差。鬼不復至矣。【出靈瑞集及弘贊第七現應錄。隋開皇年中事。】

---

1) ㉠ '去'가 을본에는 '至'로 되어 있다.

3. 염라대왕이 도솔천으로 보내다

도진道璡 스님은 형주荊州 사람이다. 그는 『법화경』을 독송하였으며(諷誦), 베옷과 하루 한 끼의 밥으로 만족하였으며, 남보다 뛰어난 도량이 있었다. 스님이 변재사辨才寺에 머물러 있는데 하루는 갑자기 졸도하여 숨이 겨우 붙어 며칠을 보냈다. 스님이 보니, 저승의 관원이 추가 기록한 명부를 가지고 염라대왕 앞으로 데리고 갔다. 대왕이 말하였다.

"스님은 『법화경』을 독송하였고 계율을 지키는 수행이 청정하였으니, 반드시 욕계 제4천[57] 가운데 미륵보살이 계신 곳에 태어날 것인데, 제자는 죄악이 많은 몸이라 다시는 서로 만나 뵙지 못할 것 같아 스님을 뵙고자 한 것입니다. 구원해 주시기 바랍니다."

도진 스님은 마침내 잠시 동안 다시 깨어나 여러 스님들에게 겪은 일을 자세히 이야기하고는 말을 마치자 숨을 거두었다.

【『홍찬법화전』 권8】

閻王指送第四天
釋道璡。荊州人也。諷誦玆典。布衣一食。殆有過人之量。止辨才寺。忽體仆息。微經數日。自見冥官追錄。將至王前。王曰師誦法華。律行淸淨。應生第四天中慈尊衆所。弟子罪惡之身。恐不復相遇。故欲見師。願垂救也。璡遂暫蘇。向諸僧具說。言訖而卒。【出弘贊第八】

---

57 제4천 : 욕계의 육천 가운데 네 번째 하늘인 도솔천을 말한다. 석가모니부처님도 예전에 호명護明보살로서 여기에 계시면서 천인天人들을 교화하다가 이 세상에 오셨고, 현재 미륵보살도 이곳에 머무르며 염부제에 내려와 성불할 때를 기다리고 있다고 한다. 그곳 천인들의 수명은 4천 년이며, 그 하루는 인간계의 4백 년에 해당한다고 한다.

4. 보살이 여섯 이빨의 코끼리를 타고 오시다

고려 때 한 스님이 있었는데 이름은 전해지지 않는다. 그는 영암사靈岩寺 동쪽 숲에 머물러 있으면서 『법화경』을 독송하였는데 항상 정성을 다했으며, 마음과 몸을 깨끗이 하고, 향을 피우고 부처님을 공경 예배하여 영험이 있기를 바랐다.

처음에는 큰 뱀과 꿩, 노루 등이 와서 『법화경』 독송을 듣다가 독송이 끝나면 흩어져 갔고, 한낮이 되면 산신이 음식을 가지고 와서 스님을 공양하였다.

후에 갑자기 찬란한 빛이 동산에서 내려오는데, 큰 보살이 여섯 이빨의 흰 코끼리를 타고, 많은 사람들이 보살을 호위하여 바로 스님의 앞으로 다가왔다. 스님은 광명을 바라보고 예배하였다. 한없이 기쁘고 즐겁더니 경전의 의심나는 구절과 빠뜨린 문장도 저절로 다 풀렸다.[58] 다른 사람들은 다만 기이한 향내가 나는 것을 알 뿐이었고, 그 광경은 오랫동안 지속되다가 마침내 사라졌다.

【『홍찬법화전』 권7】

菩薩來乘六牙象

高麗時有僧。失其名。在靈岩寺東林。誦法華經。每精誠懇到。中表潔淨。焚香禮佛。以求證驗。初有大虵及雉鹿。俱來立聽。誦訖乃散。中時山神將食。自來供養。後忽見光明。從東山而下。有大菩薩。乘六牙白象。大衆圍

---

[58] 이 영험담은 「보현보살권발품」 제27에서 "이 사람이 만일 앉아서 이 경을 깊이 생각하면, 그때 나는 다시 커다란 흰 코끼리를 타고 그 사람 앞에 나타나리라. 그가 만일 『법화경』의 한 구절이나 한 게송을 잊어버린 곳이 있으면, 내가 마땅히 이를 가르쳐 읽고 외워서 통리하게 하오리다."라고 한 보현보살의 서원에 근거하고 있다. (T9, 61a)

繞。直至其前。僧望光拜。慶悅深至。疑義闕文。皆爲敷釋。餘衆但聞異香。經久方隱。【出弘贊第七】

제16단

1. 어린 비구니가 『법화경』을 외우다

양梁나라 대학 박사大學博士[59] 강필江泌의 딸은 어려서 출가하니, 그 이름이 승법僧法이다. 그녀는 8세, 9세 때 가끔 조용히 앉아서 눈을 감고 『법화경』 한 권을 조금도 막힘이 없이 외웠다.

그래서 양주 지방의 도인이나 속인들은 모두 신이 가르쳐 준 것이라고 하였는데, 비장방費長房[60]은 말했다.

"경과 논에 징험해 보면 그 이치가 분명하다. 이것은 전생으로부터 배워 온 것일 뿐, 신이 가르쳐 준 것이 아니다. 지난 생의 일을 기억하여 잊지 않는 것이 어찌 신의 공이라 하겠는가?"

【『홍찬법화전』 권2】

幼尼誦出眞詮

梁大學博[1]士。江泌女。少而出家。名僧法。年八九歲。有時靜坐閉目。誦出一卷法華經。楊州道俗。咸稱神授。費長房云。驗於經論。斯理皎然。是宿習來。非關[2]神授。即是次生事憶而不忘。其神功乎。【出弘贊第二】

1) ㉮ '博'이 을본에는 '博'으로 되어 있다. 2) ㉮ '關'이 을본에는 '開'로 되어 있다.

---

59 대학 박사大學博士 : 옛 국학國學 또 태학太學에 딸린 벼슬.
60 비장방費長房 : 출가 승려였으나 후주後周 무제武帝의 폐불 때문에 환속해서 은거하다가 수隋나라가 흥하자 역경譯經에 참가하여 번경 박사飜經博士가 되었다. 유불儒佛·백가百家를 모두 통달하고, 귀신을 잘 부렸다고도 한다.

2. 시녀가 저승에서 범어 경전을 배워 오다

좌숙기左肅機 최의기崔義起에게 돌궐突厥인 시녀가 한 사람 있었다. 그녀는 평소에 글을 알지 못하고 지내고 있었는데, 당 고종 인덕麟德 연중(664~666)에 병이 들어 죽게 되었다. 밤이 지나서 한 범승梵僧이 나타나자 돌궐 시녀는 스님에게 구해 달라고 애걸하였다. 스님이 석장으로 그녀의 머리를 두드리며 『법화경』 한 부를 가르쳐 주며 외우게 하였는데, 말은 범어梵語였다. 저녁때가 되어 그녀가 깨어나서 범승 만난 일을 이야기하였더니, 집안사람들은 모두 그의 말을 믿지 않고 주인 의기에게 보고하였다.

의기가 시험 삼아 『법화경』을 외워 보라고 하였다. 그녀는 물 흐르듯이 경을 외워 나갔다. 의기는 곧 범승 한 사람을 청하여 그녀가 외우는 경을 들어 보게 했다. 다 듣고 난 범승은, "처음부터 끝까지 발음이 정확하였고, 한 자도 빠뜨리지 않았습니다."라고 하였다.

뒤에 황제가 이 말을 듣고, "저승이 이러한데 어찌 믿지 않을 수 있겠는가?"라고 하였고, 당시의 조정 신하들도 모르는 사람이 없었다.

【『홍찬법화전』 권8】

侍女冥通梵部

左[1]肅機崔義起。有一突厥侍女。素不識文。於麟德中病死。經夜見一梵僧。突厥求哀。僧以錫扣其頂。教誦法華經一部。言作梵音。比晚乃蘇。自陳其事。家人不信。告義起。起試之突厥。便誦經如流。即請西域梵僧來聽。侍女所誦之經。自首至尾。言音通正。一字不遺。時以奏聞。上云冥道如此。豈得不信。當時朝臣。無不知者。【出弘贊第八】

1) ㉯ '左'가 을본에는 '尤'로 되어 있다.

3. 뱃사람이 보호해 건네주다

지총智聰 스님은 양주楊州 백마사白馬寺에 머물러 있다가 강을 건너 안락사安樂寺에서 주석하고 있었다. 그런데 이때 마침 수隋나라가 망하여 돌아갈 생각을 하였으나 강을 건너갈 방법이 없어서 강가 갈대밭 속에 숨어서 『법화경』을 독송하고 있었다. 이레가 지났어도 배고픔을 느끼지 않았고, 늘 네 마리의 호랑이가 스님의 주위를 지키며 맴돌고 있었다.

그러자 갑자기 한 노인이 겨드랑이에 조그마한 배를 끼고 와서 말하였다.

"스님께서 강을 건너고자 하시거든 이 배에 타십시오."

스님이 배에 오르려 하니, 네 마리의 호랑이가 와서 눈물을 흘리는 것이었다. 스님은, "위태로움을 함께 지켜 주었으니 어려움을 벗어나는 것도 바로 지금이다." 하고서 네 마리 호랑이와 함께 배에 올랐다. 강을 수월하게 건너 남쪽 기슭에 내리자, 배와 노인은 갑자기 보이지 않았다.

스님은 네 마리의 호랑이를 거느리고 서하탑西霞塔 서쪽에 이르러 경행經行·선禪·송경誦經 등으로 교화하여 무리 80여 명이 귀의하게 되었다. 만약 나쁜 일이 있을 때면 호랑이가 와서 크게 울부짖어 경각심을 일깨워 주었다.

정관貞觀(627~649) 연간에 나이 99세에 이르러 부처님 오신 날, 향로에 향을 피우고 부처님께(聖像) 두루 예배한 다음 선방으로 들어가 단정히 앉아서 입적하였다.

【『속고승전』, 『홍찬법화전』 권8, 『현응록』】

舟人護涉

僧智聰。住楊州白馬寺。尋渡江。住安樂寺。值隋國崩。思歸無計。隱江荻中。誦法華經。七日不飢。恒有四虎馴繞。忽見一老翁。腋下挾小舟來曰。師欲渡江。即上船。其四虎見而淚出。聰曰持危放難。正在今日。即同四虎。利涉南岸。船及老人。忽然不現。聰領四虎。止西霞塔西。經行禪誦。安衆八十餘人。若有凶事。虎來大吼。由此驚覺。至貞觀中。年九十九。於佛降生日。熏鑪徧禮聖像。還歸靜室。端坐而化。續高僧傳【出弘贊第八及現應錄】

4. 하늘 음악을 울리며 와서 맞이하다

지우智友 스님은 장주蔣州 사람이다. 보운사普雲寺에 있으면서 『법화경』을 독송하였는데 하루도 그만두는 일이 없었고, 독송할 때마다 반드시 향로를 잡고 눈을 감았다. 이와 같이 향연이 끊이지 않기를 무릇 42년간 하여 앞뒤로 모두 합하면 『법화경』을 5만 번이나 독송하였는데, 사용하는 조병澡瓶[61]에는 언제나 물이 가득 채워져 있었다.

정관 8년(634)에 아무런 병도 없이 앉아서 입적하였다. 입적하는 날에는 하늘의 음악이 울리며 와서 방안 공중에서 한동안 요란하게 울려 스님을 맞이하고 잠시 조용하더니, 또 기이한 향내가 공중에서 일어나 집 안팎에 가득하였다가 한참 만에 없어졌다. 제자와 신도들 천여 명이 스님의 유해를 동남쪽으로 옮겨다가 시신을 나무 아래에 좌선 자세로 안치하였는데, 밤이 지나고 보았더니, 어디로 갔는지 알 수 없었다.

【『홍찬법화전』 권8】

天樂來迎

釋智友。蔣州人。住普雲寺。誦法華經。略無弃日。每誦經之時。必執爐閉[1]目。香煙不絶。凡經四十二年。前後摠計。將五萬徧。所用澡瓶。居常溢滿。眞[2]觀八年。無疾坐卒。將終之日。有天樂來迎於房戶。空中繁會良久。又有香氣。惹空充塞院宇。久之而滅。弟子及道俗。千有餘人。迁樞[3]于東南。坐屍樹下。經宿就視。莫知所在。【出弘贊第八】

1) ㉾ '閉'가 을본에는 '閇'로 되어 있다. 2) ㉾ '眞'이 을본에는 '貞'으로 되어 있다. 3) ㉾ '迁樞'가 을본에는 '迂櫼'으로 되어 있다.

---

61 조병澡瓶 : 손을 씻는 물을 담아 가지고 다니는 병.

5. 홍변 스님이 정성 들여 쓴 『법화경』을 깊이 공경하다

스님 홍변洪辯[62]은 순창淳昌 조씨趙氏의 아들이다.

출가하여 조계사曹溪寺에서 승과에 합격하였는데, 거삼巨瀯의 산중 암자로 들어갔다. 그곳에서 정진하고 지계를 청정히 하면서 한 글자에 한 번 절하여 『법화경』 한 부를 베껴 쓴 다음 극진히 장엄하고 아침저녁으로 예배 공양하였다.

이때 일본(倭國)의 한 스님이 찾아와 그 『법화경』을 보고 간절히 달라고 하므로 홍변 스님은 내어 주면서 『법화경』을 가지고 가서 널리 유통시키도록 당부하였다. 일본 스님이 머리에 소중히 이고서 본국으로 돌아가는데, 배 안에서 『법화경』이 찬란한 빛을 내었다. 본국으로 돌아가자 숭복사崇福寺 도량에 안치하고 모든 스님들이 예배 공경하자 사리가 나오는 감응이 있었다.

1년 후에 도인 법행法行이 사신을 따라 일본에 갔다가 숭복사에 있는 그 『법화경』을 직접 찾아보고 왔다. 곧 원元나라 세조 중통中統 원년 경신庚申(1260, 고려 원종 1년)이었다.

【『해동전홍록』】

深敬辯山人之精書

山人洪辯。淳昌趙氏子。出家于曹溪中高科。往入巨瀯山菴。精進持戒。一字一拜。書法華經一部。極盡莊嚴。朝夕禮拜供養。適有倭國僧。來見懇求

---

[62] 홍변洪辯 : 호는 청우. 보조 국사에게 계를 받았고, 강종康宗 때 창복사昌福寺 담선법회談禪法會를 주도하였다가 고종高宗 초에 쌍봉사 주지가 되었다.

之。乃付囑流通。其僧頂戴。賷歸本國。船中放光。到已安崇福寺道場中。衆僧禮敬。感得舍利。後一年。道人法行隨使。舸入彼國。親見而來。即中統元年庚申也。出海東傳弘錄。

6. 최 목사가 미친 아이의 노래를 알아듣고 경찬법회를 베풀다

소경小卿 최린崔璘[63]이 나주 목사羅州牧使가 되어 부임해 가는데, 먼저 송도(개성) 사람 양혁추楊赫推를 나주로 내려 보내면서 말하기를, "정성을 다해 큰 재회齋會[64]를 베풀고 대승법을 공양하면 그 공덕은 멀리에까지 이를 것이다."라고 하면서 준비를 명령하고, 임지에 도착하자 원묘圓妙[65] 스님을 청하여 운곡사雲谷寺에 여름 안거를 결제하게 하고 부하들에게 명하여 주변을 지키게 하였다.

최린이 관아官衙로 들어가니, 한 나이 어린 여자 종이 갑자기 미쳐 버렸다. 갖가지 방도로 다스려 보았더니, 여자 종이 말하였다.

"저는 미친 것이 아닙니다. 저는 유모의 남편 아무개입니다. 죽은 지 여러 해가 되어 저승에 있으나 아직 좋은 곳으로 오르지 못하고 있습니다. 이제 다행히 정성을 다해 크게 법석을 베풀기에 한두 가지 불법의 깊은 뜻을 물어보고자 했는데, 지키는 신중들이 꾸짖어 들여보내지 않아서 문 밖에서 방황하기를 며칠이 지났습니다. 저뿐만이 아닙니다. 먼저 죽은 친척 아무개 아무개도 법을 듣고자 저를 따라왔는데, 너무 목이 말라서 뜻대로 할 수가 없습니다. 청컨대 먼저 마실 것을 주시고, 또 우리들이 운곡

---

[63] 최린崔璘(?~1256) : 고려 중기의 명신 평장사 당謹의 손자이다. 30세에 문과에 급제하여 대간으로 있다가 고종 때 나주 부사로 나가서 자칭 백적원수百賊元帥라고 하던 이연년李延年의 난동을 토벌하여 우부승선右副承宣에 특진되었고, 원元나라에 사신으로 여러 번 왕래하여 후한 대접을 받았다. 벼슬이 문하시랑 평장사에 이르렀다.

[64] 큰 재회齋會 : 대재회大齋會 또는 무차회無遮會를 말한다. 일체중생을 청하여 평등히 공양하는 법회이다.

[65] 원묘圓妙(1163~1245) : 12세에 출가하여 강양(지금의 합천) 천락사天樂寺 균정均定에게 득도하고 천태교관을 수행하였다. 천태의 묘해를 강의하고 1216년(고종 3) 백련사 결사를 시작 법화삼매를 닦아 정토에 왕생하기를 구하였다.

사에 가거든 이름을 불러 도량 안으로 들어가도록 해주시면 해탈을 얻게 될 것입니다."

최린이 듣고 몹시 괴이하게 여겨 손님을 다 돌려보내고 운곡사로 가서 하나하나 그 이름을 불러 자리를 마련해 주어 법을 듣게 했다.

그는 이때부터 항상 『법화경』을 독송하였는데, 이듬해 가을 최린은 소환되어 우승선右承宣(임금의 명령을 출납하는 직책)에 승진하고, 몇 해 안 가서 정승에 올라 문하평장사門下平章事(중서문하성 정이품 벼슬)가 되어 신하로서 최고의 지위에 올랐다가 죽었다.

【『해동전홍록』】

堪歌崔牧伯之[1]慶會

少卿崔璘。將赴官羅州。使宋人楊赫推命曰。宜精設大會。供養大乘。則必當遠到。公及下車。請圓妙。結夏安居。于雲谷寺。及指揮使。行色近境。公入官時。小婢忽得顚狂。種種對治。婢即語曰。我非顚狂。我是乳母之夫某也。物故許多年冥遊。未得超升。今幸竭誠張皇梵席。欲問一二大旨。然守護神將。呵禁不入。彷徨門外。數日矣。非但某耳。先亡親屬某與某。亦欲聞法。隨我來耳。然飢渴害志。請先酹[2]酌。又令吾輩。至雲谷寺。呼名許入於道場。冀得度脫。公聞之怔甚。送客。已到寺。一一如其呼名。設席使之聞法。公自是常讀蓮經。翌年秋。召爲右承宣。不數年。拜相至門下平章事。位[3]極人巨[4]而卒。【出海東傳弘錄】

1) ㉰ 을본에는 '之'가 없다. 2) ㉰ '酹'가 을본에는 '酹'로 되어 있다. 3) ㉰ '位'가 을본에는 '立'으로 되어 있다. 4) ㉰ '巨'가 갑본에는 '臣', 을본에는 '品'으로 되어 있다.

7. 입에서 광명이 나오다

이름이 전해지지 않은 한 스님(亡名)이 상주尙州의 어느 조그마한 절에서 항상 음양陰陽과 점복占卜으로 근방 동네에 드나드니, 모두들 그를 맞아서 길흉화복을 물어보았고, 이로써 옷과 식량을 마련할 수 있었다. 하루는 관청에서 법석을 베풀어 그 주州의 여러 절에서 부처님께 예불을 담당하는 스님(典香)이 모두 모였다.

이름 없는 스님(亡名)도 비록 참가하기는 하였지만 한갓 음양승이기에 대중의 말석에 앉히고 모두들 그를 하찮게 홀대하였다. 그런데 한밤중이 되어 등불과 촛불이 다 꺼지고 캄캄한 가운데 모두 어렴풋이 잠이 들었는데, 갑자기 등불 같은 밝은 광명이 비쳐 왔다. 모두들 깜짝 놀라 일어나 무슨 빛인가 살펴보니, 이름 없는 스님의 입에서 나오는 것이었다. 그리하여 모두가 그 까닭을 물으니, "나는 음양 점복의 술수를 하기 때문에 도리어 악업을 부끄러워하여 속으로 참회하며, 다만 『법화경』 독송을 일과로 삼아 온 지가 여러 해 되었습니다."라고 대답하였다.

여러 스님들이 모두 그의 수행에 탄복하고 공경하게 되었다.

【『해동전홍록』】

光明出於口角

僧亡名。寓尙州小寺。常以陰陽占卜。出入里閭。男女皆迎之。問禍福。以此資衣食。一日官廳設法席。[1] 州內諸寺典香者。咸會焉。王[2]名雖預。只是陰陽僧居衆末。皆忽之如草。比及夜半。燈燭已息。昏昏假寐中。忽見光明如燈火。衆皆驚起。試尋之。乃從亡名口中出也。因委問其由。答曰予失[3] 身術數。反愧黑業。內自懺悔。但誦課蓮經有年矣。諸僧皆歎。伏修敬焉。

【出海東傳弘錄】

1) ㉔ '席'이 을본에는 '脣'로 되어 있다.   2) ㉔ '王'이 을본에는 '亡'으로 되어 있다.
3) ㉔ '失'이 을본에는 '夫'로 되어 있다.

8. 혀에서 연꽃 봉오리가 피어나다

　상주尙州의 호장戶長 김의균金義鈞은 항상 『법화경』 독송을 즐겨 하였는데, 대중들을 나이 든 이와 젊은이 두 반으로 나누었다. 매월 육재일六齋日[66]에 나이 든 이들을 자기 집으로 불러 『법화경』을 학습하고 독송하게 하고, 경을 마치고 나면 대개 다과를 내어 위로하고, 한편으로 젊은이들을 모아서 공부를 마치고 나면 술을 권하였다.
　이렇게 해서 발심하여 술을 마시지 않게 된 젊은이는 나이 든 사람들의 반으로 옮겨 넣었다. 그래서 당시 사람들이 농담으로 하는 말이, "아무개와 아무개는 이미 술 없는 법화(無酒法華)의 무리에 이르렀고, 아무개와 아무개는 아직도 술이 있는 법화(有酒法華)의 무리에 들어 있다."라고 하였다.
　이처럼 김의균은 근기에 따라 사람들의 발심을 돋우어 주었는데, 죽은 뒤에 산기슭에 장사지냈더니, 무덤 위에 연꽃이 피었다.

【『해동전홍록』】

菡萏生於舌根

尙州戶長金義鈞。常樂讀法華經。募勸耆老少壯。道俗分爲二徒。每月六齋日。召耆老于私第。[1)] 習誦蓮[2)]經。經畢略以茶菓慰之。及集少壯。則幷實酒侑之。自此少壯之發心不飮者。移[3)]入耆老徒。時人戲曰。某與某已入無酒法華徒。某與某猶在有酒法華徒。其隨機激發如此。比及無常。葬於山麓。

---

[66] 육재일六齋日 : 한 달 중에 몸과 마음을 깨끗이 하여 부처님의 가르침을 닦고 행하는 날로서, 음력 8일, 14일, 15일, 23일, 29일, 30일을 말한다. 이때는 사천왕四天王이 세상을 순행하면서 사람의 선악을 살피고, 또한 악귀가 사람의 빈틈을 노리는 날이라고 한다.

蓮華發於塚上。【出海東傳弘錄】

---

1) ㉑ '第'가 을본에는 '弟'로 되어 있다.　2) ㉑ 을본에는 '蓮' 다음에 '華'가 있다.　3) ㉑ '移'가 을본에는 '壯'으로 되어 있다.

9. 보암사의 신도들이 혹은 강설하고 혹은 질문을 주고받다

　송경松京(개성의 옛 이름) 선기문宣祺門 오른편으로 고개가 있는데, 잇따라 뻗어내려 보정문保定門에 이르는 산을 덕산德山이라고 한다. 산의 서북쪽 귀퉁이에 보암사寶岩寺라는 절이 있는데, 누각에 오르면 앞이 훤히 트이어 앉아서 멀리 아름다운 산천을 바라볼 수 있다.

　이 절의 동북쪽 마을에 벼슬자리에 있거나 또는 물러난 재상들이 많이 살고 있었다. 추밀원 임천미林千美, 상서 진세의秦世儀, 대경 양동재梁桐材, 그리고 나이가 많아 벼슬에서 물러난 사람들과 할 일이 없는 한가한 사람 등 40여 명이 함께 법화사法華社를 조직하여 다달이 육재일에 각기 『법화경』을 가지고 와서 한 사람이 다른 자리에 앉아 경의 구조를 설파하고 뜻과 이치를 해설하였다. 다른 여러 노장들은 명심해 듣고, 혹은 질문을 던지기도 하였다. 이렇게 차례대로 돌아가면서 계속하여 사람마다 더욱더 열심히 해설하고자 하였다.

　그리고 15일이 되면 정성을 들여 좋은 음식을 장만해서 아미타여래께 함께 공양하고, 전 대중이 재를 베풀어 밤을 세워 정진하여 다 같이 정토에 가기를 빌었다. 그러므로 죽을 때에 이르러서는 뜻과 같이 자재하게 되는 사람이 끊이질 않았다.

【『해동전홍록』】

寶岩徒之或講或疑

松京宣祺[1]門右臂有嶺。連亘垂及保定門者曰德山。山之乾維。有一蘭若。曰寶岩。樓閣開豁。坐見山川縹緲之外。東北里致仕卿相。若林樞密千美[2]秦尙書世儀。梁大卿棟[3]材。與諸退老。幷散逸四十餘人。同結法華社。每月六齋日。各持科本蓮經。差一人別座。點破科端。銷釋義理。諸耆老證聽。或設疑問。如是次第輪環相續。盖欲人人之盡能解說也。至十五日。則精設妙饌。供養彌陁。合院設齋。過夜精勤。同廻向淨土。故至臨終之際。如意自在者不絶焉。【出海東傳弘錄】

---

1) ㉮ '祺'가 갑본에는 '棋'로 되어 있다.　2) ㉮ '美'가 을본에는 '表'로 되어 있다.　3) ㉮ '楝'이 갑본에는 '棟'으로 되어 있다.

10. 연화원에서 읽고 설하다

  송경(개성) 낙타교駱駝橋 동쪽 마을에 연화원蓮華院이라는 절이 있었는데, 성남리城南里 청신사들이 법화사法華社를 조직하고 매월 육재일마다 모여 『법화경』을 읽기도 하고 설하기도 하였다. 그렇게 하는 까닭은 『법화경』에 의지하여 정토에 회향하고자 하는 것이니, 다분히 보암사寶岩寺 결사와 서로 낫고 못함이 없었다.

蓮華院之若讀若說

松京駱馳[1]橋東巷。有一招提。曰蓮華院。凡城南里。淸信士輩。結法華社。每月六齋日。同會干[2]此。若讀若說。其所以憑仗妙乘。廻向淨土者。多與寶岩社。相爲甲乙。

---

1) ㉑ '馳'가 을본에는 '駞'로 되어 있다. 2) ㉑ '干'이 을본에는 '于'로 되어 있다.

11. 진기한 새가 상서를 나타내다

거사 최표崔彪[67]는 탐진耽津(지금의 전남 강진) 사람이다. 원묘 스님이 보월산寶月山에 절을 짓는다는 말을 듣고 아우 최홍崔弘과 함께 만덕산萬德山에 세우기를 청하여 각각 자리를 잡아 세웠는데 매우 웅장하였다.

최표는 평생에 성난 얼굴을 한 적이 없었다. 그의 아들이 이웃 고을에 갔다가 큰 벌레에 물려 죽었다. 최표는 종이와 먹을 마련하여 산승山人 일여一如[68]를 청해다가 『법화경』을 베껴 쓰게 하였는데, 갑자기 푸른 새가 와서 경을 베끼는 방으로 들어갔다. 모습이 매우 여유로웠는데, 이렇게 하기를 두세 번 하면서 경을 쓰는 것이 끝날 때까지 반복하였다.

최표의 꿈에 죽은 아들이 나타나 말하기를, "경을 베껴 써 주신 힘으로 인해 아주 착하고 잘생긴 남자의 몸을 받았습니다."라고 하였다.

珍禽顯瑞

居士崔彪。耽津人也。聞圓妙結於寶月山。與堂弟弘請。叛於萬德山。各占構堂宇。甚有力焉。平生未甞現嗔怒相。其子往鄰邑。忽爲大虫所害。彪爲辦[1]紙墨。請山人一如。書法華經。忽感青鳥來入經室。貌甚閑暇。如是者。至于再三。泊經將畢。夢亡子告曰。因寫經力。得爲純善美丈夫[2]身。

---

1) ㉠ '辦'이 을본에는 '辮'으로 되어 있다. 2) ㉠ '天'이 갑본과 을본에는 '夫'로 되어 있다.

---

67 최표崔彪 : 고려 고종 때 사람이다. 강진의 토호로서 최홍崔弘과 함께 요세了世를 월출산 약사암에서 만덕산으로 옮기도록 청하였으며, 만덕사 창건을 도왔다.
68 일여一如 : 이제현의 형, 각해 일여覺海一如. 반룡사盤龍社에서 숙종 11년(1324)에 화엄 계통의 결사를 개창하였다.

12. 죽은 누이가 징험을 알려 주다

우시금右侍禁이란 여인은 김식金軾[69]의 둘째 딸인데, 그녀의 남동생인 도인道人 지허之虛는 항상 『법화경』을 독송하고 있었다.

그런데 어느 날 여인이 갑자기 병이 들어 죽고 말았다. 그녀는 꿈에 지허에게 의탁하여 말하였다.

"네가 나를 위해 법화의 법석을 베풀어 주어 극락으로 가는 것을 도와 다오!"

이때 지허는 혈구사穴口寺에 있었는데 꿈을 꾸고는 곧 집으로 돌아와 집안을 깨끗이 소제하고 7일을 기약하고 『법화경』을 독송하는 큰스님들을 청해다가 밤낮(六時[70])으로 정진하였다.

마지막 날 김씨가 또 꿈에 나타나 말하였다.

"잠깐 경을 들은 힘으로 좋은 곳에 태어나게 되었다."

뒤에 지허는 절로 돌아가 여러 사람들에게 이 사실을 자세히 이야기하였다.

三[1)]**妹告徵**

女右侍禁。金軾之第二女也。其弟道人之虛。常誦蓮經。女忽遘疾命終。托之虛告曰。請爲我設法華勝筵。用助超升。時之虛住穴口[2)]寺。得得來家。即洒掃私第。[3)] 約一七日。請持經開士。六時精進。至罷席日。金氏又現夢

---

69 김식金軾 : 고려 고종 때 문신. 고종 44년(1257) 몽고 2차 침입으로 개성과 남경이 함락되자 시어사侍御使로 몽고 군영에 가서 태자의 입조 조건으로 몽고군을 철군하게 하였다.
70 육시六時 : 하루 밤낮을 여섯 때로 나눈 것. 즉 아침(晨朝)·낮(日中)·해질 녘(日沒)·초저녁(初夜)·한밤중(中夜)·새벽(後夜)이다.

曰。暫聞經力。得生勝處。後虛到社。委說如此。

---

1) ㉮ '三'이 을본에는 'ㄷ'으로 되어 있다. 2) ㉮ 'ㅁ'가 을본에는 '古'로 되어 있다. 3) ㉮ '第'가 을본에는 '弟'로 되어 있다.

제17단

1. 『법화경』을 독송한 혀가 오래도록 그대로 남아 있다

진주秦州(중국 섬서성에 있음)의 권씨權氏라는 여인은 항상 『법화경』을 독송하였다. 그녀가 죽고 10년이 지난 뒤에 그녀의 가족들이 개장하려고 무덤을 파 보았더니, 뼈와 살은 다 없어졌고, 오직 혀만이 생시와 같았다.

【『홍찬법화전』권8】

誦舌長存
秦州權氏女。常誦法華。死後十餘年。其家改葬。見其骨肉略盡。唯舌如生。

【出弘贊第八】

2. 경전이 불에 탔으나 변하지 않다

정관貞觀 5년(631) 융주隆州 읍서邑西의 현령縣令 호원궤狐元軌는 불법을 독실하게 믿었다. 『법화경』·『금강경』·『열반경』 등의 경전을 베껴 썼는데 잘못 쓸까 두려워하여 토원 선사土坑禪師의 교정을 청하기로 했다.

경이 완성되자 그는 곧 경을 기주岐州(중국 섬서성에 있음)에 있는 시골 농장으로 가지고 갔다.

하루는 볼일이 있어 마치고 돌아와 보니, 그 농장이 이웃에서 난 불에 옮겨 붙어 한꺼번에 모든 것이 다 타 버렸다. 그는 땅을 치며 한탄했지만 할 수 없는 일이었다.

사람을 시켜서 잿더미를 헤쳐 보도록 하였더니 금동金銅의 축軸이 드러나고 여러 경전이 고스란히 남아 있었다. 종이 빛깔도 오히려 변하지 않았는데, 다만 『금강반야경』의 첫머리 제목만이 검게 타 있었다.

그는 그 원인을 혼잣말로 중얼거리기를, "처음 베껴 쓸 때 한 관원이 글씨를 잘 썼는데 갈 길이 바빠서 미처 몸을 청결하게 하지 못하고 그대로 제목을 썼더니 그래서 제목이 타 버렸구나!"라고 하였다.

【『홍찬법화전』권10, 『현응록』】

燒經不改

貞觀五年。隆州邑西縣令狐元軌。信重佛法。寫法華金剛涅槃等經。恐致訛誤。遂憑土坑[1]禪師。撿挍寫已。即帶往歧[2]州莊所。一日他行。其莊爲外火延燒。一時蕩盡。元軌廻嗟歎莫窮。因令人撥灰。玔金銅軸頭。忽見諸經。完然潢[3]色。猶不改。但金剛般若。首題焦黑。自言所因。乃初寫時。有官人能書。其人行急。不獲潔淨。直爾立題。由是被焚。【出弘贊第十及現應錄】

---
1) ㉠ '坑'이 을본에는 '坑', 『홍찬법화전』권10에는 '杭'(T51, 45a), 『현응록』에는 '抗'

(X78, 56c)으로 되어 있는 등 모두 일치하지 않는다. 여기서는 『홍찬법화전』에 의거하여 번역하였다. 2) ㉮ '歧'가 을본에는 '岐'로 되어 있다. 3) ㉮ '潢'이 을본에는 '黃'으로 되어 있다.

3. 경전에 한 글자도 보이지 않다

당나라 무덕武德(618~626) 때 법신法信이라는 비구니[71]가 『법화경』에 통달하였는데 정성을 다해서 『법화경』 한 부를 베껴 쓸 생각을 하였다.

글씨 잘 쓰는 사람을 찾아서 보수를 갑절로 주고 특별히 집간을 마련하여 거처하며 베껴 쓰게 하였는데, 언제나 일어나면 목욕을 하고 깨끗한 옷으로 갈아입고서야 책상에 앉게 하였다. 또 벽에 구멍을 뚫어 밖으로 통하게 하고, 대나무 토막을 꽂아서 서생이 숨을 내쉴 때 이 대나무 토막을 입에 물고 숨을 밖으로 내쉬게 하여 외부와 연락을 끊고 일심으로 『법화경』을 쓰게 하였다. 이렇게 하여 『법화경』 전 7권을 베끼는 데 8년이 걸렸다. 경이 완성되자 재를 베풀고 축하하는 예참을 한 뒤, 깨끗한 도량을 세워서 모시고, 꽃과 향으로 융숭히 공양하였다.

정관 13년(649, 진덕여왕 8년), 용문사龍門寺 스님 법단法端은 항상 『법화경』을 강설하였는데, 이 법신 스님의 경이 정성이 지극한 것이라는 소문을 듣고 사람을 보내 청하였다. 법신 스님이 끝내 거절하지 못하여 법단 스님께로 보냈다. 그리하여 법을 강설하려고 경전을 펴 보았더니, 거기에는 누런 종이일 뿐 글자는 한 자도 없었다. 법단 스님은 부끄러워하면서 곧 경을 돌려보냈다.

법신 스님은 무언가 잘못이 있었다고 생각하고, 곧 향탕香湯으로 경함을 씻고, 머리에 이고서 불상 주위를 돌며 예경하고 정진하기를 무릇 /일 밤낮을 행한 다음 경함을 열어 보았다. 그러자 문자가 다시 전과 똑같이 쓰여 있었다.

【『법원주림전』, 『홍찬법화전』 권10】

---

[71] 『홍찬법화전』 권10에는 '본명을 알 수 없는 하동河東 사람인 연행練行 비구니'의 일화로 되어 있다.(T51, 43b)

經無一字

唐武德中。有尼法信。通持法華經。仍欲精寫一部。遂訪書人。倍酬其直。別置堂戶令書之。每一起一浴。更着淨衣。仍於案上。鑿壁[1]通外。加一竹筒。書生凡出息。輕[2]含竹筒。吐息于外。寫經七卷。八年乃終。設齋慶懺。立淨道場。香花崇奉。至貞觀十三年。有龍門寺僧法端。常講是經。以此尼經本精至。遣人往請。固辭不已而自送去。及講法開讀。唯見黃紙。了無一字。端慚懼即還之。尼知有所犯。即以香湯。灌滌其凾。頂戴遶佛行道。凡七晝夜。及開視之。還復如舊。【本出法苑珠林傳。弘贊第十。】

---

1) ㉻ '鑿壁'이 을본에는 '壁鑿'으로 되어 있다. 2) ㉻ '輕'이 을본에는 '輙'로 되어 있다.

4. 손톱에 다섯 송이 꽃이 피다

고우현高郵縣(중국 강소성에 있었음)에 한 비구니가 있었는데, 뜻과 절조가 서릿발처럼 깨끗하고 말과 행동이 얼음과 같이 맑았다. 밤낮으로 쉬지 않고 『법화경』을 독송하였는데, 하루는 첫째 권을 외우니, 오른손 손톱 위에 꽃이 한 송이 피어났다. 모양이 비단실 같았다. 차례대로 다섯 권을 외우니, 다섯 손톱 위에 다 꽃이 한 송이씩 나오고, 6권, 7권까지 다 독송하니, 손바닥에 두 송이 꽃이 났는데, 손톱 위에 난 것보다 월등히 컸다.

그 소문이 대궐까지 전해져서 진陳나라 무제가 친히 불러 그것을 보았다. 이리하여 이 고을 사람들은 그 비구니를 '화수니花手尼'라고 불렀다.

【『영서집』】

瓜生五花

尼高郵縣人。志節霜淨。言行氷淸。誦法華經。不捨晝夜。初誦一卷。忽於右手瓜上生一花。狀如綾絲。次至五卷。五指瓜上。皆生一花。誦徹六七。掌幷二花。大過瓜上。由是聲傳闕下。陳武皇勅入看之。從此郡人。呼爲花手尼。【本出靈瑞集】

발문

최상승(最乘)은 후학들이 말할 수 있는 바가 아니니, 반드시 이 법의 증험을 고찰한 후에야 사람들이 이를 믿을 것이다.

『법화경』이 동방에 들어와 번역된 후 여러 주석가들의 장소章疏가 많으나, 지자 대사智者大師의 해석만이 세상에서 (널리) 유행하였다. 그러나 전해지면서 간혹 본래의 진실을 잃어버리기도 하고, 그 오묘한 뜻을 완전히 통달하지 못한 채 강연함으로써 근원은 하나인 묘법이 여러 가지 설로 나뉘게 되었다.

일찍이 이 경을 읽은 자라고 하면 반드시 『법화경』 강의와 더불어 무릇 『영험전』을 보아야 한다. 그래야만 현묘한 종지玄旨를 바로 탐구하고 묘한 감응(妙應)을 깊이 구할 수 있으니, 단연코 이 두 권에 (그 뜻이) 들어 있다.

묘혜妙慧[1]가 삼가 재원을 마련하여 이 두 책을 간행하고 만의사萬義寺[2]

---

1 묘혜妙慧 : 조덕유趙德裕의 아들로 이 발문을 썼고, 의선 이후 세 번째 만의사 주지를 역임한 인물이다.
2 만의사萬義寺 : 수원의 동쪽에 있던 절로 예부터 국가의 복리를 기원하던 비보사찰이었으나, 그동안 황폐되었던 것을 고려 충선왕~충숙왕 1년(皇慶 연간 1312~1313)에 천태종의 승려 혼기混其가 새로 중건하였다. 그 후 의선義璇이 절을 맡았고, 다시 나라에서 묘련사妙蓮寺 문인에게 귀속시켜 전하게 하였다.

에 안치하니, 길이 전하여 사라지지 않게 할 따름이다.

절은 지원至元 연간(고려 충숙왕대 1264~1294)까지 정고貞古와 현묵玄默이 서로 대를 이어 주석하다가 우리 할아버지 충숙공의 백부이신 진구珎丘 대선사 혼기混其3에게 전해졌다. 혼기는 또한 삼장법사 의선義旋4에게 전하고, 의선 이후 세 번 전하여 나(묘혜)에게 이르렀으니, 요컨대 모두 우리 종단을 벗어나지 않았다. 이 절은 본래 혼기 스님께서 일찍이 법화도량으로 개설하였던 곳이므로 여기에서 영험전의 법을 선양하는 것은 합당한 일이다.

임금님의 만수무강(一人之壽)과 온 나라 백성들의 안녕, 그리고 돌아가신 부친 조덕유趙德裕 영가가 정토에 왕생하며, 보시를 베푼 신도들이 각각 좋은 과보를 얻으며, 법계의 모든 중생들이 다 함께 법의 교화를 입기 바라나이다.

조선 효종 3년(순치 9년, 1652) 2월 전라남도 보성군 오봉산 개흥사 중간 重刊.5

주상 전하께서 만수를 누리시길 받들어 위하며, 대시주 산화잡山花市, 대시주 □□□, 시주 하복잡河卜市, 시주 자훈慈訓 비구, 시주 □□□의 (후원으로) 선화善和 비구와 성임性稔 비구가 간행하고, 극능克能 비구가 책임을 맡다.

---

3 혼기混其 : 충선왕 때(1308~1313) 대선사로 천태종의 진구사珍丘寺 주지로 있다가 수원 만의사를 중창하였다.
4 의선義旋 : 충선왕 때 공신 정숙공貞肅公 조인규趙仁規의 아들로 일찍 출가하여 원혜圓慧의 법을 받았다. 원나라 황실로부터 삼장법사三藏法師라는 칭호를 받았고, 고려 왕실로부터 현오 대사玄吾大師에 봉해져 영원사瑩源寺 주지를 겸하였다. 충숙왕에게 묘련사 중창을 건의 완성하여 만의사를 부속 사잘로 하셨나.
5 갑본(고창 문수사본)의 간기刊記에 다음과 같이 되어 있다. "대청산大靑山 중암中菴이 개판하였고, 화주 운희云熙가 중종 29년(嘉靖 13년, 1534년 갑오) 6월 전라도 고창高敞 문수사文殊寺에서 중판(重鋟)하였다."

最乘之法。[1] 非後學所能辯。必考是法之驗然後。而人信之。自法華東譯以後。諸家章䟽盖多。而智者解釋。獨行於世。然流傳或失本眞。講演未達其奧。一源之妙。政[2]於萬派。嘗謂讀是經者。要看講儀與夫靈驗傳。以其直探玄旨。深求妙應。斷在二書也。妙慧謹捨貲財。刊此二書。安實于萬義寺。以壽不朽耳。寺在[3]至元[4]間。貞古玄默。相繼主席。卒傳於余王父[5]忠肅公之伯父。琹丘大禪師混其。又傳於三藏法師義旋。旋後三傳。而至于余。要皆不出乎吾宗爾。寺本混其。嘗設法華道場故。宜於此宣揚此法用句。一人之壽。萬姓之安。兼及先父趙德裕。往生淨域。助施檀越。各證善果。法界含靈。同沾法化云。[6] 順治九年壬辰二月日。全南道寶城郡。五峯山開興寺重刊。[7]

奉爲主上三展下壽萬歲。大施主山花币。大施主□□□。施主河卜币。施主慈訓比丘。施主□□□。此刊善和比丘。性稔比丘。斡善克能比丘。

---

1) ㉑ 이 발문이 갑본(고창 문수사본)에는 없다. 2) ㉑ '政'가 을본에는 '岐'로 되어 있다. 3) ㉑ '在'는 을본에 '生'으로 되어 있다. 4) ㉑ '元'은 을본에 '兀'으로 되어 있다. 5) ㉑ '父'가 을본에는 '主'로 되어 있다. 6) ㉑ 을본에는 '一人之壽……同沾法化云'의 36글자가 없다. 7) ㉑ 갑본의 간기간기는 다음과 같다. "大靑山中菴開板。化主云熈。皇明嘉靖十三年甲午六月日。全羅道高敞文殊寺重鋟"

찾아보기

경흥 국사景興國師 / 222
관음상 / 217
관정灌頂 / 180
광택사光宅寺 / 31
구마라집鳩摩羅什 / 27
권적權適 / 139

다보불탑多寶佛塔 / 173

마랑馬郞 / 218
만덕산萬德山 / 247
만의사萬義寺 / 256
묘혜妙慧 / 256
무제武帝 / 31
문수보살 / 113
미륵상 / 184
미륵천궁 / 184
민장사敏藏寺 / 206

백련사白蓮社 / 91
법화도法華徒 / 189
법화사法華社 / 244
법화삼매法華三昧 / 122
변길보살徧吉菩薩 / 42
보개寶開 / 206
보암사寶岩寺 / 246
보현보살 / 69
보현참법普賢懺法 / 63

사안락행四安樂行 / 122
삼주설법三周說法 / 10

연광緣光 / 115
연화원蓮華院 / 246
원묘圓妙 / 91
육재일六齋日 / 242
음양승 / 240
의선義旋 / 257
인연주因緣周 / 67

장안 대사章安大師 / 180
정토 / 244
정화 택주靜和宅主 / 91
지자 대사智者大師 / 115

천승재千僧齋 / 164

천태 지관 / 180
최린崔璘 / 238
최표崔彪 / 247

『해동전홍록』 / 236
현광玄光 / 122
혜사慧思 / 122
혼기混其 / 257

요원 了圓
(생몰 연대 미상)

요원의 생애에 대한 자료는 극히 단편적이다. 기존에는 『고려사』 권36의 기록(以乃圓爲王師)에 의거하여 고려 말 충혜왕 원년(1331)에 왕사王師를 지낸 분으로 보기도 하였다. 그 밖에 『동문선』 권9에 안진安震의 〈천태 요원 장로에게 보내는 시(贈送天台了圓長老)〉와 권22에 석요원釋了圓의 〈환암幻菴〉이라는 시가 있다. 그리고 『동문선』 권74에 수록된 이색李穡의 「환암기幻菴記」에서 "천태의 원공圓公과 조계의 수공修公과 더불어 18인이 결사를 맺었다. …… 이제 30년이 지났다."라고 한 내용 등으로 보면, 그는 조계종의 승려인 환암 혼수(1320~1392)와 동시대 인물이었으리라 추정된다. 또한 『법화영험전』의 내용으로 보아 그는 원묘 요세가 이끄는 백련사계의 천태종 승려였을 것으로 보인다.

옮긴이 오지연

서울대학교 수학교육과를 졸업하고, 동국대학교 대학원 불교학과에서 석사와 박사 과정을 이수하였다. 동대학원에서 「천태지의天台智顗의 원돈지관연구圓頓止觀硏究」라는 논문으로 박사학위를 받았다. 현재는 천태불교문화연구원 상임연구원으로 있다. 논문으로 「『법화영험전』의 신앙 유형 고찰」, 「돈황사본敦煌寫本 『묘법연화경妙法蓮華經』 이본異本에 관한 고찰」, 「백련결사 보현도량의 의미에 관한 고찰」, 「남악혜사南岳慧思의 『수자의삼매隨自意三昧』 (Ⅰ), (Ⅱ)」 등이 있고, 저서로 『천태지관이란 무엇인가』, 공저로 『돈황문헌총람』 등이 있다.

증의 및 윤문
곽철환(전 동국역경원 역경위원)